Kurt Tepperwein

Vom Beruf zur Berufung

Kurt Tepperwein

Vom Beruf zur Berufung

So erlangen Sie mehr Erfolg und Zufriedenheit im Leben

mvg Verlag

Bibliografische Information der Deutschen Bibliothek
Die Deutsche Bibliothek verzeichnet diese Publikation in der Deutschen Nationalbibliografie; detaillierte bibliografische Daten sind im Internet über http://dnb.ddb.de abrufbar.

Überarbeitete und aktualisierte Neuauflage

Umschlaggestaltung: Vierthaler & Braun Grafikdesign, München
Konzeption und Reaktion: Jürgen Schröter
Reaktion: Vera Schneidereit, München
Satz: Fotosatz H. Buck, Kumhausen
Druck und Bindearbeiten: Ebner & Spiegel, Ulm
Printed in Germany 07003/080401
ISBN 3-636-07003-7

Inhaltsverzeichnis

Einleitung: Spiel-Anleitung für den Gebrauch dieses Buches

Das Spiel, zu dem Sie die Anleitung in den Händen halten, hat einen Namen. Es heißt:

> Gestatten Sie dem Leben,
> Sie fürstlich dafür zu belohnen,
> dass Sie das tun,
> was Ihnen am meisten Freude macht.

Das gefällt Ihnen doch, oder?

Ich möchte Sie zu einem wirklich faszinierenden Spiel einladen. Das Schöne an dem Spiel ist: Sie werden bald feststellen, dass es kein reines Fantasiespiel ist, sondern nichts anderes, als **das Spiel des Lebens selbst.** Mit den Spielregeln dieses Buches lernen Sie spielerisch auch die Regeln des Lebens, damit dieses von nun an wirklich funktionieren kann.

Stellen Sie sich vor – ich meine, stellen Sie sich ganz locker nur einmal VOR (das ist doch nicht zu viel verlangt): Sie verwirklichen Ihren Traumberuf, sind in Ihren Beruf so richtig verliebt, Ihr Beruf macht Ihnen eine Menge Freude. Und das Beste kommt noch: Sie verdienen damit auch noch sehr viel Geld. Was können Sie sich da als Einkommen so vorstellen? Sagen Sie es! … Mehr! Nehmen Sie einfach das Fünffache!

Das können Sie sich doch einfach nur mal so VORSTELLEN, oder?

Stellen Sie sich weiter vor: Ihre Dienstleistung ist sehr gefragt, weil die Menschen sie dringend brauchen. Sie leisten in Ihrem Traumberuf etwas, was den Menschen wirklich hilft. Aber nicht nur den Menschen, der ganzen Gesellschaft. Sie haben also das wundervolle Gefühl, dass Ihre Arbeit eine richtige Wohltat für alle ist. Sie verdienen also – im wahrsten Sinne des Wortes – gutes Geld durch gute Arbeit.

Das wäre ein wirklich märchenhaftes Leben! Da würden Ihre Lebensträume doch sicher MEHR als in Erfüllung gehen.

Gehen wir noch einen Schritt weiter: Diese Vorstellungsübung beinhaltet etwas von einer therapeutischen Aufgabe. Lassen Sie die SCHAM hinter sich! Beachten Sie die Teilpersönlichkeit in Ihnen jetzt nicht, die sich empört erhebt: „Schäm dich, so etwas auch zur zu DENKEN!" Weisen Sie diese innere Stimme in Schranken: „Sei mal ruhig!" **Erlauben Sie sich jetzt im wahrsten Sinne des Wortes scham-los und unverschämt zu sein!** „Die Scham ist vorbei!" Meinen Segen dazu haben Sie!

Ich sehe schon an Ihren Gesichtszügen, wie Sie gerade leicht die Fassung verlieren und ein Hauch von Zweifel in Ihren Gedanken aufkommt: Ob Sie wirklich das richtige Buch in den Händen halten? Oder: Wie man so eine völlig überzogene Fantasie denn überhaupt umsetzen kann? Oder: Das ist doch alles viel zu schön, um wahr zu sein … Habe ich noch irgendeinen Gedanken vergessen, der sich in Ihren, sich zu einem Fragezeichen verformenden Gesichtszügen spiegelt?

Noch einmal! Vergessen Sie ALLES, was in die Richtung geht: Wie soll man das denn machen? … Bleiben Sie ganz bei Ihren Vorstellungen. Das ist unser Thema. Nichts anderes. Was Sie sich nicht mindestens VORSTELLEN können, das hat nicht die geringste Chance, sich in Ihrem Leben zu zeigen. **Sprengen Sie jetzt einfach Ihr Vorstellungsvermögen!** Bleiben Sie einfach **nur in der Fantasie.** Kommen Sie richtig an die Grenzen dessen, was Sie sich noch vorstellen können. Nicht GLAUBEN, sondern VORSTELLEN. Glauben ist ein anderes Thema, dazu kommen wir später noch.

Doch ganz ehrlich – es bleibt auch unter uns: Wenn Sie genau in sich hinein hören, werden Sie nicht nur EINE Stimme hören, die „Du spinnst wohl! Das funktioniert NIE!“ sagt. Eine ANDERE Stimme in Ihnen wird bestätigen: „Fühlt sich SUPER an! Das ist doch fantastisch! Ganz meine Wellenlänge!“ Denn ganz tief im Inneren glauben Sie an sich, glauben Sie an Ihr riesiges Potenzial. Sonst würden Sie dieses Buch nicht in den Händen halten und es aufmerksam lesen. Sie sind also der richtige Kandidat, die richtige Kandidatin für unser Spiel, das SPIEL DES LEBENS!

Ich möchte Sie in dieser Einleitung gleich richtig einstimmen: Jetzt geht es ums Ganze. Keine Halbheiten und Halbherzigkeiten mehr! An dieser Stelle können Sie Ihre Ziele nicht hoch genug stecken. Jetzt können Sie alle Ihre vergrabenen Lebensträume wieder exhumieren und ans Licht bringen. Je größer Ihre Vision von einem erfüllten Leben, desto weiter können Sie jetzt kommen. Wir leben in einer Zeit der großen QUANTENSPRÜNGE. Und Sie sind herzlich eingeladen mitzuspringen.

Der Clou ist nämlich: Gerade JETZT kommt es darauf an, Ihre Vorstellungskraft zu stärken. Sie können nicht einfach nur andere nachahmen. Das funktioniert nicht mehr (und Sie wissen das). Jetzt treten Sie nicht mehr als schlechte KOPIE in Erscheinung, sondern als unverfälschliches ORIGINAL. Doch diese neu geborene Persönlichkeit, die da auftaucht (wie der Phönix aus der Asche), muss erst einmal als INNERES BILD geboren werden: Sie müssen sich die einzelnen Facetten Ihrer neuen Persönlichkeit, die ihre Bestimmung lebt, erst einmal VORSTELLEN können. Sie arbeiten jetzt an einer neuen LEBENSVISION. Eine VISION ist etwas zum Sehen, ein Bild, eine Imagination, eine Vorstellung. Das ist Ihr Lernprogramm. Legen Sie jede Hemmung ab, stellen Sie sich vor eine riesengroße Leinwand und skizzieren Sie Ihre neue Persönlichkeit mit großzügigen Pinselstrichen.

Kommen wir nun mit neuem Mut gestärkt zurück zu Ihrem Vorstellungsvermögen (und noch einen hilfreichen und coolen Slogan dazu: Vor dem finanziellen Vermögen kommt das Vorstellungsvermögen):

Stellen Sie sich also weiter vor, es gäbe einen großen Plan, ein großes Drehbuch für das Leben, für IHR Leben. (Diesen Plan können Sie übrigens „Evolution" nennen oder „Schöpfung" – ganz nach Belieben.) Und stellen Sie sich vor, Sie haben einen GANZ BESTIMMTEN Platz in diesem großen Plan, in diesem Spiel, Sie haben eine ganz bestimmte Rolle als Mitspieler. **Sie müssen diesen Platz und diese Rolle nur erkennen und einnehmen, um das „perfekte Spiel" zu spielen.** Es ist Ihre Aufgabe, die Prüfung, die Sie qualifiziert, mitspielen und gewinnen zu können. Diese Aufgabe, Ihren ganz persönlichen Platz in diesem Spiel zu finden, kann Ihnen niemand abnehmen. Indem Sie Ihren Platz in diesem Spiel finden, haben Sie die Teilnahmeberechtigung für ein traumhaftes und märchenhaftes Leben erworben.

Das kann man sich doch einfach mal so vorstellen! Wenn Sie noch Mühe mit Ihrer Fantasie haben sollten: Denken Sie sich einfach, wir schreiben das Drehbuch zu einem Sciencefiction-Film. Nicht wie Starwars, sondern STARGAME – also, geht doch!

Sie fragen sich jetzt zu Recht: **Woher weiß ich denn überhaupt, wie ich meinen Platz finde und wann ich ihn eingenommen habe?** Super Frage! Sie stellen das Spiel nicht mehr in Frage, sondern wollen seine Regeln kennen. Das bedeutet, Sie spielen schon mit! Und hier erwartet Sie die erste Überraschung.

Halt, einen Moment noch! Lassen Sie mich etwas ausholen: Können Sie sich noch an **das Kinderspiel „Heiß! – Kalt!" erinnern?** Wir suchten damals mit verbundenen Augen blind einen Gegenstand. Unsere Mitspieler halfen uns, ihn zu finden. Sie riefen „Kalt!", wenn wir uns vom Gegenstand entfernten, und „Warm!", wenn wir uns ihm näherten und am Ende schrien sie dann ganz heftig: „Heiß! Heiß! Heiß!" Der Gegenstand war schnell gefunden. (Übrigens auch, weil die anderen Kinder auch schnell an die Reihe kommen wollten. Je besser sie dem suchenden Kind halfen, desto schneller war das nächste Kind an der Reihe.)

Daran können Sie sich doch bestimmt noch gut erinnern. Es ist immer ein schönes Spiel, wenn die Mitspieler einen dabei unterstützen, ein Ziel zu erreichen.

Sicher kommt bei den Erinnerungen an dieses schöne Kinderspiel FREUDE auf!

Meine versprochene Überraschung: Genau so geht es in unserem Lebensspiel auch zu! So ähnlich jedenfalls. **Immer wenn Sie Ihrem optimalen Platz im Leben näher kommen, geht es Ihnen richtig gut.** Sie sind in einer tollen Stimmung, gut gelaunt, stecken Menschen mit Ihrem Lachen an, könnten die Welt umarmen, könnten sich in alles und jeden verlieben. Leichtigkeit und Gelassenheit stellen sich ein. Das bedeutet für unser Spiel also „Warm!", „Weiter so!". Kommen Sie aber von Ihrem Weg aber nur ein paar Grad ab, reagiert das Leben entsprechend: „Kalt!", also: eine traurige Stimmung, Mühe, wachsende Konflikte und Probleme, Schmerzen, Leid, Krankheit. Nichts scheint mehr zu stimmen und zu funktionieren. Sie fühlen sich unwohl in Ihrer Haut, könnten aus Ihrer Haut fahren! „Kalt!" zeigt sich aber auch in: Langeweile, Überdruss, Leere, der sich immer mehr aufdrängenden Frage: Soll das schon ALLES gewesen sein?

Wenn das Leben Ihnen ständig und deutlich vernehm- und verstehbar „Kalt!" oder „Warm!" sagen würde, wäre es nicht nur ein genialer Spielplan, sondern auch ein richtiges Kinderspiel, oder?

Ein anderes Spiel, an das Sie sich sicher noch erinnern können, ist **der Rubik-Würfel:** Er besteht aus einem in sich drehbaren Kubus mit Außenseiten, auf denen sich jeweils neun auf drei Achsen drehbare Teilwürfel mit sechs unterschiedlichen Farben befinden. Ziel des Geduldsspiels ist es, diese Teilwürfel durch Drehungen so zu platzieren, dass auf jeder Seitenfläche des Gesamtwürfels nur Teilwürfel gleicher Farbe erscheinen.

So weit, so gut. Ungeübt ist diese Aufgabe schwierig. Mathematiker haben das Spiel noch um eine Dimension verschärft. Fällt es schon schwer genug, den Würfel mit offenen Augen in die richtige Endposition zu bringen, dann stellten sie sich die Frage, wie lange ein Blinder wohl durch reinen Zufall für die Lösung des Spiels bräuchte, wenn er täglich acht Stunden spielen könnte. Eine „einfache" Aufgabe der Wahrscheinlichkeitsrechnung. Computerangelegenheit. Resultat: Der Blinde bräuchte mehrere Leben, um ZUFÄLLIG alle Farben der Teilwürfel richtig zu ordnen und die Aufgabe zu lösen. – Na und? fragen Sie sich schon ungeduldig. Der Trick steckt in der nächsten Fragestellung der Mathematiker: Wie schnell hätte dieser Blinde die Lösung gefunden, wenn ein „perfekter Mitspieler" ihm immer ein Feedback gegeben hätte: Richtig – falsch – falsch – richtig – richtig. Sie erinnern sich sofort an unser Kinderspiel „heiß" und „kalt"!
Die Lösung: Bei solch einem Feedback würde der Blinde kaum mehr als zwei Minuten brauchen und er hätte den Rubik-Würfel perfekt gedreht. Versetzen Sie sich kurz in die Lage des Blinden mit dem Würfel in der Hand. Er macht eine Drehbewegung und hört: „Stimmt nicht!" – Drehbewegung zurück! Dann die nächste. „Stimmt!" Also weiter, die nächste. „Stimmt nicht!" Wieder zurück. In, sagen wir, zweieinhalb Minuten fertig. Haben Sie es schon einmal SO schnell geschafft, wenn Sie vor einigen Jahren mit dem Rubik-Würfel MIT OFFENEN AUGEN gespielt haben?

Jetzt dämmert Ihnen sicher schon etwas! Normalerweise laufen wir wie blind durchs Leben, um unseren „heiligen Gral" zu finden. Die meisten brauchen nicht nur EIN Leben dafür, sondern Dutzende ... Wie schnell könnten wir jedoch am Ziel sein, wenn wir dieses Feedback bekämen: stimmt – stimmt – stimmt nicht – stimmt nicht – stimmt – stimmt … **Das ist doch eine faszinierende Vorstellung?!**

Doch genau so funktioniert unser Lebensspiel! Es ist nämlich nicht so, dass wir im Leben kein Feedback bekämen! **Wir beachten es nur nicht und können es oft erst recht nicht verstehen.** Das wäre so, als ob unser Blinder die Kommandos „Stimmt – stimmt nicht“ in einer ihm **unbekannten** Sprache bekäme und sie nur als lästige Hintergrundgeräusche wahrnehmen könnte.

Diese scheinbar lästigen „Hintergrundgeräusche“ sind also die eigentliche Botschaft, die hilfreiche Anleitung, die perfekte Führung!

Dadurch können wir in unserem Spiel den Lauf zu unserem Platz im Leben dramatisch beschleunigen (so wie der Blinde beim Rubik-Würfel), wir müssen nur **auf das Feedback des Lebens achten:** stimmt – stimmt – stimmt nicht – stimmt nicht – stimmt – stimmt …

Das ist die Antwort auf den ersten Teil Ihrer Frage (Woher weiß ich denn überhaupt, wie ich meinen Platz finde?): Seien Sie sich bewusst, dass Sie Feedback bekommen, lernen Sie es immer mehr beachten und verstehen. Darum geht es in diesem Buch. Genau das können Sie hier und jetzt lernen, wenn Sie bereit sind.

Manchmal ist das Feedback des Lebens ohrenbetäubend laut, beispielsweise eine Krankheit reißt uns aus unserer Routine, manchmal ist dieses Feedback aber auch kaum wahrnehmbar: Eine innere Stimme flüstert uns etwas zu.

Krankheit ist als Feedback etwa so zu übersetzen: „Mensch, du bist auf dem Holzweg! Kapierst du denn immer noch nicht?!“ Bei der inneren Stimme klingt die Botschaft dagegen eher so: „Das würde ich an deiner Stelle etwas anders machen, dein Vorhaben lässt sich bestimmt noch optimieren.“

Es ist doch wunderbar, nicht mehr BLIND nach dem „heiligen Gral“, dem Ihnen bestimmten Platz („Bestimmung“) im Leben, in der Schöpfung, in der Evolution zu suchen, sondern vom Mitspieler LEBEN geführt zu werden! Macht es Ihnen schon (oder WIEDER) Freude, bei diesem Spiel mitzuspielen? Sie können es perfekt. Spielen haben Sie als Kind schon beherrscht. Sie konnten sich auf Ihre Mitspieler verlassen, so wie Sie sich jetzt auf das LEBEN als MITSPIELER verlassen können.

Die Aufgabe, IHREN idealen, den NUR FÜR SIE BESTIMMTEN PLATZ in diesem Spiel zu finden, ist der Weg zu Ihrer BERUFUNG. Wenn Sie Ihre Berufung gefunden haben, dann sind Sie voll im Spiel, dann spielen Sie das „perfect game“, das perfekte Spiel, das einfach nicht vollkommener gespielt werden kann.

Doch auch der WEG dorthin ist ein TEIL des Spiels. Durch die wachsende Achtsamkeit gegenüber dem Feedback des Lebens – Hochstimmung oder Missstimmung – trainieren Sie alles, was Sie für Ihren Platz brauchen. **Sie trainieren, immer mehr Lebensfreude erfahren, aber auch hervorrufen zu können, bis Sie an Ihrem „berufenen Platz“ diese innere und tiefe Lebensfreude gar nicht mehr verlieren.**

Um nicht missverstanden zu werden: Ihre Berufung muss nicht in Ihrem Beruf liegen, aber tatsächlich finden **immer mehr Menschen in ihrem Beruf auch ihre Berufung, leben ihren Traumberuf.**

Denn natürlich machen Sie genau das besonders gut, was Ihnen die meiste Freude bereitet. Sie sind einfach unnachahmlich gut. Sie sind das ORIGINAL, das man nicht kopieren kann. Sie sind die MARKE, die ohne Werbeetat eine authentische und überzeugende Ausstrahlung hat. Außergewöhnlich gute Leistungen werden natürlich auch außergewöhnlich gut bezahlt.

Aber verstehen Sie mich wirklich richtig: **Selbst diese wunderbare Führung (oder Fügung) ist nur die halbe Wahrheit, nur die eine Seite.** Denn es geht im Leben nicht nur um SIE. Es geht um die Milliarden anderer Menschen, es geht um das Leben auf diesem Planeten. DAS IST DAS GANZE SPIELFELD.

Das Spiel funktioniert so – und das ist die andere Seite der Wahrheit –, dass das, was für SIE so richtig gut ist, für ALLE und ALLES richtig gut ist. Das ist der tiefe Sinn, die tiefe Faszination des Spiels. Wenn es für SIE stimmt, dann stimmt es für alle. Das ist Bestimmung, die Sie in Hochstimmung versetzt. Ganz bestimmt!

Sie brauchen das GROSSE SPIEL (die Schöpfung, die Evolution) gar nicht genau kennen, Sie brauchen nur Ihre Stimmung als Feedback zu verstehen und sich danach zu richten. Dann richtet sich alles auf die Vollkommenheit, das perfekte Spiel, aus.

Gehen wir jetzt noch einmal zurück zu meinen ersten Sätzen! Ich bat Sie, sich drei Dinge vorzustellen:

1. Sie arbeiten in einem Traumberuf, der Ihnen viel Freude bereitet.
   Auch (und gerade) wenn Sie dabei schwere Herausforderungen meistern müssen, fühlen Sie sich absolut gut, ganz in Ihrem Element. Alles, was in Ihnen steckt, wird gefordert und zeigt sich. Sie sind in Topform. Ihre Leistung ist traumhaft.
2. Sie machen eine wirklich sinnvolle Arbeit, können anderen Menschen Freude schenken, kleine und große Probleme lösen, Mut machen, Visionen aufzeigen. Ihre Begeisterung und Ihr Lebensmut wirken ansteckend, Sie sind ein geachtetes Vorbild für andere. Sie spüren die Dankbarkeit, die die Menschen, für die Sie Gutes geleistet haben, Ihnen entgegenbringen.
3. Sie verdienen außergewöhnlich gut. Denn das, was Ihnen Freude macht, machen Sie auch außergewöhnlich gut. Aber mehr noch: Da Sie Ihren Platz (Ihre Berufung) eingenommen haben, wird Ihre Arbeit auch dringend gesucht und wird besonders gut honoriert.

Na, klingen diese Gedanken für Sie immer noch so „abenteuerlich“, so „märchenhaft“? (Oder hat das alles jetzt für Sie eine andere Bedeutung bekommen?)

Geben sie dem Leben doch einfach eine Chance! **Tun Sie doch einfach einmal so, als ob das Leben genau so funktionieren würde.** Wenn es für Sie noch kein Spiel ist, dann machen Sie einfach eins draus. Spielen Sie einfach mit! Seien Sie kein Spielverderber.

Spielen Sie in den nächsten Tagen das Spiel, das nur aus drei Regeln besteht:

1. Sie suchen den Ihnen bestimmten Platz im Leben. Das nennen wir Berufung.
2. Sie lassen sich dabei von der Freude leiten als der Stimmung, die Sie direkt zu diesem Platz führt.
3. Sie lassen dann zu, was passiert, und sind einfach offen für Überraschungen und Wunder.

Sie haben in diesem Spiel aber nicht nur das Leben als Sie unterstützenden Mitspieler (wie die Kinder) auf Ihrer Seite, sondern auch dieses Buch. **Spielen Sie mit diesem Buch. Betrachten Sie es als Spielanleitung für Ihr Lebensspiel.** Geben Sie diesem die Chance, jetzt traumhaft, abenteuerlich und märchenhaft zu werden. Ich verspreche Ihnen: Das Spiel wird Ihnen immer mehr Spaß machen und am Ende werden Sie sehen, dass alles WIRKLICH so funktioniert.

Willkommen also bei unserem Spiel:

Gestatten Sie dem Leben, Sie fürstlich
dafür zu belohnen,
dass Sie das tun, was Ihnen die meiste
Freude macht UND
der Entwicklung der Menschheit am meisten nutzt.

Teil 1

Berufung als Selbstverwirklichung

1. In der BERUFUNG den Lebenssinn finden

Irgendwann stellt sich die Frage nach dem Sinn des Lebens. Nicht als ein philosophisches Gedankenspiel, sondern weil Sie dieser Frage nicht mehr aus dem Weg gehen können. Wahrscheinlich geschieht das JETZT. Sinnlos zu leben macht nun keinen Sinn mehr. Was ist aber der Sinn MEINES Lebens? Wozu bin ICH da? Was ist MEIN WEG?

Die Antwort heißt jetzt:
SELBSTVERWIRKLICHUNG!

Wie rasch die Welt sich schon innerhalb einer Generation ändert, kann man am „Erwachsenwerden“ dieses Wortes erkennen. Vor weniger als einer Generation noch wurde mit dem Begriff nichts anderes assoziiert als: Egoismus, Rücksichtslosigkeit, Selbstbezogenheit, Narzissmus – kurz gesagt: die Haltung, sich nur um sich selbst zu kümmern. Man konnte nichts anderes mit dem Wort „Selbstverwirklichung“ assoziieren, weil man sich gar nichts anderes vorstellen konnte, gar nichts anderes als EGOZENTRIK kannte. Also konnte auch „Selbstverwirklichung“ nichts anderes sein als eine neue, subtilere Art des EGO-Trips.

Dann aber wurde der Begriff „Selbstverwirklichung“ auch in der Psychologie „gesellschaftsfähig“ und populär. Mehr noch: Eine bestimmte Gruppe von Psychologen baute um diesen **ein ganzes psychologisches Gebäude** auf. Wir könnten natürlich etwas vereinfachend sagen, was für Sigmund Freud das „Unterbewusste", war für Abraham Maslow (einen der Hauptvertreter dieser NEUEN Psychologie) die „Selbstverwirklichung". Ihn interessierten nicht mehr so sehr die neurotischen Menschen, wie damals Freud und die Psychoanalyse, sondern **die wirklich gesunden, sich selbst verwirklichenden Menschen.** Aus einer Psychologie der psychischen Krankheiten wurde **eine Psychologie der psychischen Gesundheit.** Jetzt hieß es sogar: Ein psychisch GESUNDER MENSCH erreicht früher oder später die Phase der SELBSTVERWIRKLICHUNG. Im Grunde fängt er JETZT erst richtig an, erwachsen zu werden und zu LEBEN. Denn es geht nun um **existentielle Fragen des Lebens.** Und erst wenn man bereit ist, sich diesen zu stellen, dann beginnt das EIGENTLICHE LEBEN.

Aber hören wir Abraham H. Maslow (1908–1970) selbst zu, was dieser fortgeschrittene Psychologe über „Selbstverwirklichung" zu sagen hat:

> *Soweit es den Motivationsstatus betrifft, haben gesunde Menschen ihre Grundbedürfnisse nach Sicherheit, Geborgenheit, Liebe, Achtung und Selbstbewußtsein ausreichend befriedigt, so daß sie primär von Tendenzen zur Selbstverwirklichung motiviert werden* ***(definiert als fortschreitende Verwirklichung der Möglichkeiten, Fähigkeiten und Talente, als Erfüllung einer Mission oder einer Berufung, eines Geschicks, eines Schicksals, eines Auftrags, als bessere Kenntnis und Aufnahme der eigenen inneren Natur, als eine ständige Tendenz***

zur Einheit, Integration oder Synergie innerhalb der Persönlichkeit).
(Maslow, Psychologie des Seins, München [2]1981, S. 41, Anm. d. Autors)

Hochinteressant ist auch, wie er die „Merkmale“ (klar, er ist ein Wissenschaftler; diese sprechen nicht über „Eigenschaften“, sondern über „Merkmale“) dieser „gesunden Menschen“ an gleicher Stelle weiter beschreibt:

1. *Größere Wahrnehmung der Realität.*
2. *Wachsende Akzeptanz der eigenen Person, der anderen und der Natur.*
3. *Zunehmende Spontaneität.*
4. *Bessere Problemzentrierung.*
5. *Größere Distanz und Sehnsucht nach Zurückgezogenheit.*
6. *Wachsende Autonomie und Resistenz gegen Akkulturation (gesellschaftliche, kulturelle Anpassung; Anm. d. Autors).*
7. *Größere Frische des Verständnisses, größerer Reichtum der emotionalen Reaktion.*
8. *Höhere Frequenz der Grenzerfahrungen (häufiger außergewöhnliche Glückserfahrungen; Anm. d. Autors).*
9. *Wachsende Identifikation mit der menschlichen Spezies.*
10. *Veränderte (der Kliniker würde sagen: verbesserte) zwischenmenschliche Beziehungen.*
11. *Demokratischere Charakterstruktur (kein „autoritärer Charakter“, der in einer Diktatur äußere Autoritäten, „den Despoten“ welcher Couleur*

auch immer, anhimmelt und so die HÖLLE auf Erden schafft, sondern eine Charakterstruktur, die einem demokratischen Gesellschaftssystem angemessen ist; Anm. d. Autors).

12. *Stark zunehmende Kreativität.*
13. *Gewisse Wandlungen im Wertsystem.*

Erkennen Sie sich in dieser Beschreibung schon wieder? Das charakterisiert die PERSÖNLICHKEIT, die gerade dabei ist, in Ihnen **aufzutauchen.** Woher ich das weiß? Nun, weil Sie dieses Buch in den Händen halten und interessiert lesen.

Dann sind Sie so weit!

Heute weiß fast jedes Kind, was mit diesem Wort „Selbstverwirklichung" gemeint ist: nichts anderes, als sich SELBST zu verwirklichen. Also keine gesellschaftliche Rolle mehr zu spielen, nicht mehr das „liebe Kind" zu sein, nicht mehr der brave Mitarbeiter oder der unterwürfige Ehepartner, sondern ganz AUTHENTISCH sein eigenes Leben zu leben. **Authentizität als Teilaspekt der Selbstverwirklichung ist zu einem zentralen Wert geworden.**

In Indien nennt man den Weg der Selbstverwirklichung (und Gottesverwirklichung, was für die indischen Weisheitslehrer dasselbe ist) ganz einfach YOGA.

Dabei unterscheidet man verschiedene **Arten des Yoga.** Ein Mensch kann sich selbst **durch Liebe und Mitgefühl (Bhakti-Yoga**) verwirklichen. Ein Mensch kann sich aber auch durch **Kontemplation (Jnana-Yoga**) selbst verwirklichen. Eine dritte Form sind spezielle **Körperübungen,** das ist uns am meisten als Yoga bekannt. Man nennt es das **Hatha-Yoga.** Und wenn wir uns einen Yogi vorstellen, dann erinnern wir uns an ganz spektakuläre Bilder der absoluten Körperbeherrschung.

Doch es gibt noch eine vierte Form des Yoga, das **Karma-Yoga.** Es geht davon aus, dass der Mensch sich auch **durch Handeln (= Karma)** selbst verwirklichen kann.

In unserer Sprache ist es der Weg der Berufung: der Weg der Selbstverwirklichung über den Alltag, den Beruf, die tagtäglichen Probleme, um dann Aufgaben und Verantwortung in der Welt zu übernehmen. Unser Weg ist, wenn Sie so wollen, Karma-Yoga.

YOGA ist übrigens verwandt mit unserem deutschen Wort JOCH – und das in seiner doppelten Bedeutung: verbinden („anjochen") und als eine disziplinierende Übung, ein Training („unter das Joch bringen"). **Selbstverwirklichung heißt, so verstanden, das Anbinden an das wahre Selbst und das beharrliche Training, Selbstverwirklichung zu erreichen.**

Ich bin überzeugt davon, dass immer mehr Menschen auch diesen Weg des Karma-Yoga entdecken werden und sie sich im aktiven Berufsleben selbst verwirklichen. So wird ihr Beruf nicht nur für sie selbst, sondern auch für andere etwas richtig Heiliges, ein Segen. Was aber noch faszinierender ist: **Die Welt braucht immer mehr Menschen, die Ihre Berufung so leben!**

Nichts reagiert so sensibel auf den großen Wandel in der Welt wie die Arbeitswelt. In der Politik werden Fehlentscheidungen durch den Wähler erst nach vier oder fünf Jahren quittiert. In der Wirtschaft quittiert der Kunde Unzufriedenheit sofort. Der kleinste Fehler, und die Kunden drehen dem Unternehmen den Rücken zu. Direkt nach den Medien **reagiert kein anderer Gesellschaftsbereich so schnell auf den Wertewandel wie die Wirtschaft.**

Die Menschen spüren ganz intuitiv, wie wichtig ihre Arbeit und ihr Beruf für ihre Lebenszufriedenheit und damit für ihre Lebensqualität ist. Das bringen sie sowohl als Mitarbeiter eines Unternehmens als auch als Kunde in die Wirtschaftswelt herein. So sind wir heute in der unglaublich hoffnungsvollen Situation, dass die Wirtschaft darauf sehr sensibel reagiert. **Sie braucht Menschen, die ihren Beruf mit Begeisterung und Enthusiasmus ausüben, ihn als Berufung verwirklichen.**

Die Wirtschaft ist immer der Motor des Neuen gewesen. Sie hat die Bedürfnisse der Menschen zu befriedigen. Die Werbeindustrie scheint zwar genau das Gegenteil zu beweisen: Es wirkt, als würde die Wirtschaft den Menschen falsche Bedürfnisse einreden, die sie eigentlich gar nicht haben. Diese Manipulation funktioniert zwar auch, aber nicht ewig. Irgendwann sind die Menschen es leid, ständig an der Nase herumgeführt zu werden. **Dann geht es um die wahren Bedürfnisse. Und dann ist auch die Wirtschaft bereit, sie zu erfüllen.** Denn damit lässt sich natürlich auch Geld verdienen. Und das ist doch in Ordnung. Die NEUEN BEDÜRFNISSE und das NEUE DENKEN zeigten sich z. B. für viele Verlage als ein neues Geschäftsfeld, wodurch sie diese Bewusstseinserweiterung rückkoppelnd weiter verbreiteten.

Also: Die Wirtschaft steht langfristig auf unserer Seite! Sie sucht dringend Menschen, die genau die Fähigkeiten haben, die selbstverwirklichte Menschen auszeichnet.

Aber das dürfte für Sie jetzt keine Überraschung oder gar ein Wunder mehr sein. **Das ist der Teil des großen Spiels und großen Plans.** Es ist immer alles da, was gebraucht wird. Und umgekehrt: **Was sich entfaltet, wird immer gebraucht.** Alles wendet sich zum Guten und das Gute wird allerorts gebraucht und gefördert.

Doch gehen wir diesem Wandel jetzt etwas genauer nach:

Die Berufswelt wandelt sich dramatisch – doch das Drama wird bald zum Lustspiel

Fangen wir von vorn an und machen wir uns bewusst: Die Wahl des richtigen Berufs zählt wohl zu den wichtigsten Entscheidungen in Ihrem Leben, und die Gefahr, dabei in eine Sackgasse zu geraten, ist sehr groß. Dazu kommt, dass sich heutzutage die Berufsbilder immer schneller ändern. Über Jahrhunderte war es selbstverständlich, in den jungen Jahren ein Handwerk zu erlernen, und dabei blieb man bis zu seinem Lebensende. Die Auffassung, mit dem einen, einmal gelernten Beruf in Pension gehen zu können, kann eines Tages zu einem bösen Erwachen führen. Sie führt zu Arbeitslosigkeit, Existenzangst, Depression und nicht zuletzt zu einem großen Einbruch des Selbstwertgefühls.

Wir können in fast einer Generation drei Wirtschaftsepochen erleben:

- Das Ende des **industriellen Kapitalismus** und seiner Industrieproduktion. Diese Epoche entlässt zurzeit ihre Kinder. Industriearbeiter und deren Verwaltungsmanagement verschwinden, wie die Pferde aus der Agrarwirtschaft.
- Die **Informationsgesellschaft,** die sich über den Computer und seine Vernetzung (Internet) bereits massiv etabliert hat. Hier wird Platz für einen ganz neuen Typ von Arbeitskräften frei, wie einst, als die Landarbeiter in die Städte zogen, um in der Industrie tätig zu werden. Es sind also eher von einem Projekt zum nächsten „vagabundierende" Arbeitskräfte als fest angestellte.
- Die **Bewusstseins-Gesellschaft,** in der sich nicht mehr das grenzenlose Wissen der Informationsgesellschaft, sondern die ökologische und planetare Weisheit durchsetzt. Wer die Misere auf diesem Planeten wirklich erkennt, der ist sich dessen bewusst, dass auf uns eine riesige Menge an Arbeit wartet, um die Selbstvernichtung der Menschheit zu verhindern und die Zerstörung der Biosphäre durch den Menschen zu stoppen.

Es kann daher gar keine Rede davon sein, dass uns die Arbeit ausgeht. Uns geht nur die Industriearbeit aus. Das verrichten jetzt Roboter und Computer – und die können es zuverlässiger als der Mensch. Das Ende der Agrarepoche hat auch dazu geführt, dass keine Tiere und Menschen mehr auf den Feldern geschunden werden müssen, da diese Arbeit von Traktoren und anderen landwirtschaftlichen Geräten übernommen wurde.

Es gibt auf diesem Planeten unendlich viel zu tun, aber wir brauchen dafür nicht mehr unsere alte Einstellung zur Arbeit, sondern eine ganz neue.

Die Berufsbilder verändern sich ständig, bedingt durch den technologischen Fortschritt. **Nur wer flexibel ist, sich ständig weiterbildet und sich den Veränderungen anpasst, bleibt ein begehrter Kandidat auf dem Arbeitsmarkt.** Nur wer sich über den Durchschnitt erhebt, kommt zu Ehren, zu Sicherheit und Wohlstand. Arbeitsplätze bieten keine Sicherheit mehr, nur die eigene Selbstständigkeit.

Ein überragendes Stichwort lautet: Ausbildung. Menschen ohne fundierte Fachausbildung werden es in Zukunft immer schwerer haben, weil es immer weniger Erwerbsmöglichkeiten geben wird. Die Bildungsexperten schätzen, dass im Jahr 2010 ganze 70 Prozent eine fachliche Aus- und Weiterbildung haben werden. 20 Prozent erfordern eine Hochschulbildung und nur gerade 10 Prozent des gesamten Arbeitsvolumens werden für Ungelernte zur Verfügung stehen. Neben der Schul- und Hochschulausbildung sowie der betrieblichen Weiterbildung wird auch die **private Weiterbildung im Heimunterricht** einen immer größeren Stellenwert einnehmen.

Die Zeit ist vorbei, dass man einmal im Leben einen einzigen Beruf erlernt. Man muss sich nicht nur in seinem eigenen Beruf immer weiter qualifizieren, sondern mehrmals im Leben auch den Beruf ganz wechseln können. Das kann man bedauern oder als Herausforderung betrachten im Sinne: **neuer Beruf – neues Leben!**

Ohne wirklich gute Berufsausbildungsmöglichkeiten für unsere Jugend ist eine erfolgreiche Integration in den Arbeitsmarkt und letztlich in unsere Gesellschaft schon von vornherein zum Scheitern verurteilt. Bereits heute haben in den europäischen Staaten mehr als 50 Prozent der jungen Menschen keine fundierte Berufsausbildung mehr. Dadurch sind auch über 20 Prozent der unter 25-Jährigen arbeitslos.

Doch nicht nur die solide Ausbildung und das ständige Weiterlernen sind wichtig, sondern – wie schon angedeutet – auch eine völlig neue Einstellung zur Arbeit. Es geht nicht darum, dass **andere** uns Arbeit **geben** (sei es der Staat oder die Wirtschaft), sondern dass **wir unsere Arbeit selbstbestimmt schaffen.** Wir sind keine „Arbeits-Empfänger" mehr, sondern unsere eigenen Arbeitsbeschaffer! Unsere Gesellschaft braucht sowohl im Sektor der Informationsgesellschaft wie auch im Sektor der Bewusstseinsindustrie **beruflich Selbstständige.** Wir brauchen **eine regelrechte „neue Kultur der Selbstständigkeit".** Das ist der absolute Megatrend in unserer Wirtschaft. **Nicht die Arbeitslosigkeit ist das eigentliche gesellschaftliche und zu lösende Problem, sondern die mangelnde Unterstützung der Menschen, die sich auf eigenes Risiko selbstständig machen wollen.**

Viele Menschen sind zu diesem Schritt bereit (andere haben gar keine andere Wahl mehr)! Doch es ist noch immer so, dass die meisten Existenzgründer scheitern und sich persönlich ruinieren. Viele haben aufgegeben, haben nicht mehr den Mut, nach einer Insolvenz einen neuen Start zu wagen, eine zweite Chance zu suchen. Andere kämpfen noch ums Überleben, halten ihre Firma hart am Rande des Abgrunds.

Für den „Ruck zum Aufbruch" in die viel beschworene „neue Zeit" muss dieses Elend der Existenzgründung überwunden werden. **Ein wichtiger Evolutionsfaktor unserer Wirtschaft sind wirklich ERFOLGREICHE Selbstständige.**

Alle sind sich einig, dass der entscheidende Faktor für eine erfolgreiche Selbstständigkeit in der **Persönlichkeit des Unternehmers** selbst liegt! „Das größte Risiko ist der Existenzgründer selbst", heißt es in Ratgebern. Doch kein Ratgeber gibt eine Antwort darauf, **wie sich diese Persönlichkeit entwickeln muss,** damit sie ein erfolgreicher Unternehmensgründer und Firmenchef, erfolgreich selbstständig werden kann. Hier sind wir beim Thema PERSÖNLICHKEIT. Hier braucht die Wirtschaft genau die sich selbst bestimmenden Menschen, die ihre Berufung leben.

Dieses Buch gibt hier eine Antwort! Genau diese fundamentale Lücke versucht es zu schließen: **Persönlichkeitsentwicklung für den beruflich Selbstständigen heißt nichts anderes, als konsequent und beharrlich den Weg der Selbstverwirklichung zu gehen.** Das ist das Fundament. Darüber dürfte es eigentlich keine Diskussion mehr geben.

„Selbstverwirklichung" ist die Hauptlektion. Alles andere wie Geschäftsplan, Marketing, Finanzierung, Buchhaltung und Ähnliches sind dem gegenüber untergeordnet.

Aber, damit wir uns nicht falsch verstehen, in unserem Buch „Vom Beruf zur Berufung" geht es nicht **nur um** die fundamentale Voraussetzung für eine erfolgreiche **Existenzgründung,** jedoch AUCH.

MEGATREND: Arbeit als Selbstverwirklichung

Die Menschen gestalten ihr Leben immer bewusster. Sie gehen bewusster mit ihrem Körper um, trainieren ihre mentalen Fähigkeiten, gehen den Weg des Herzens. Ratgeber für die bewusste Lebensführung haben in den Verlagen einen sicheren Absatzmarkt.

Doch die größte Sinnkrise liegt für die Menschen immer noch in der Arbeitswelt und nicht im privaten Bereich. Je mehr jedoch die bewusste Lebensgestaltung den privaten Lebensbereich erfüllt, desto schmerzlicher wird **die wachsende Diskrepanz zwischen der Selbstverwirklichung im Privaten und der Selbstentfremdung im Beruf.** Die Suche nach sinngebender, freudvoller, erfüllender Arbeit wird immer stärker.

Selbstverwirklichung wird in Zukunft immer stärker in der Arbeitswelt gesucht. Mehr noch: **Die historisch bedingte Trennung zwischen „Freizeit“ und „Arbeitszeit“ will überwunden werden.** Leben möchte als Ganzes gelebt werden und nicht in „befreite“ (das Private) und „unfreie“ Zonen (das Berufliche) aufgesplittet sein. Und wenn Arbeit der Selbstverwirklichung dient, dann macht auch die (wieder historisch bedingte) **Trennung zwischen Arbeitszeit und Ruhestand** keinen Sinn mehr. Wer sich in seiner Arbeit selbst verwirklicht, für den ist Leben und Arbeit dasselbe, der „arbeitet“ bis zum letzten Atemzug, für den wird „Ruhestand“ zur Sinnlosigkeit. Sie haben erst dann Ihre Berufung gefunden, wenn Sie von ihr nie mehr lassen können. **Wer selbstbestimmt lebt, den kann man nicht in den Ruhestand schicken!**

Was bisher nur wenigen beruflichen „Exoten" (Künstlern, Schriftstellern, Malern, Musikern usw.) vorbehalten war, wird jetzt zu einem Trend und einer Möglichkeit für immer mehr Menschen. Dieser Trend zur „Arbeit als Selbstverwirklichung" wird bald so mächtig werden wie die „ökologische Bewegung und Friedensbewegung" oder die „Gesundheitsbewegung", „gesunder Umgang mit Geld", „erfüllende Partnerschaft". **Die Gesellschaft (Politik) kann nicht mehr weitermachen wie bisher, denn die Menschen wollen nicht mehr weitermachen wie bisher.**

Berufe mit Zukunft

Welche Berufe in der Zukunft besonders gefragt sein werden, ist gar nicht so schwer auszumachen. Sicher werden die Berufe in der speziellen Informationsgesellschaft, also **Informatik** und **Elektronik,** noch **ein unabsehbares Wachstumspotenzial** entwickeln. Rein **handwerkliche Berufe** werden stagnieren und eher rückläufig tendieren. Die Tatsache aber, dass diese Berufe bei den Jugendlichen nicht mehr so gefragt sind, wird selbst dort ein Vakuum hinterlassen.

In den **Dienstleistungs- und Serviceberufen,** im **Verkauf** und dem **Tourismus** lässt sich ebenfalls eine solide Zukunft voraussehen. Auch hier werden nur diejenigen mit einer fundierten Ausbildung auf eine gute Karriere hoffen dürfen.

Beratende Berufe, wie Steuerberater, Unternehmensberater, Anlageberater, Coachs für alle Lebensbereiche, werden in Zukunft sehr gefragt sein. Diese Berufe setzen ein hohes Verantwortungsbewusstsein voraus, denn sie sind die Steuermänner für die Gesundheit von Volk und Wirtschaft.

Berufe, die sich mit der **Gesundheit des Menschen** befassen, werden auch einen nicht absehbaren Bedarf aufweisen. Es gibt immer mehr Menschen, die immer älter werden, und unsere moderne Lebensweise kreiert immer neue und kompliziertere Krankheiten. Also vom Arzt bis zur Krankenschwester, vom Biochemiker bis zum Laboranten gibt es noch Hunderte von Möglichkeiten, seine ganz spezielle, eigene Nische zu finden.

Die neue Zeit braucht aber auch ganz neue Berufe in den Sparten **Sozialbetreuung, Kultur und Freizeit, Umweltschutz und Energie.** Auf einmal kann man selbst das Leben nicht einfach mehr geschehen lassen, wir sind aufgefordert, unser Leben zu leben, und dafür braucht es jetzt in den meisten Fällen einen Fachmann, eine Fachfrau, den „Lebensberater“, die „Lebensberaterin“. Für diesen neuen Beruf gibt es großartige Zukunftsaussichten und es sind bereits gute Ausbildungsmöglichkeiten auf dem Markt. Mit der Zeit wird es notwendig werden, dass diese Fächer an den Hochschulen gelehrt werden.

Von einem guten Beruf, der mit Freude und großem Einsatz erfüllt wird, darf man auch eine entsprechend gute Bezahlung erwarten. In dieser Hinsicht sind wir in Europa in einer sehr guten Lage, und die Norm sollte sein, am Ende des Monats das zu erhalten, was man

„verdient“ hat. **Ist es weniger, dann stimmt Ihr Arbeitsplatz nicht und Sie sollten sich sofort nach einem neuen umsehen.** Möchten Sie mehr haben, müssen Sie auch mehr dafür tun. Vielleicht sollten Sie an eine sinnvolle Weiterbildung denken. Dafür braucht es halt etwas Mut und Durchhaltewillen und die Bereitschaft, die Freizeitvergnügungen für diese Zeit etwas einzuschränken. An Angeboten fehlt es auf jeden Fall nicht und die richtige Auswahl wird zu einer wichtigen Herausforderung.

Stellen Sie Ihre jetzige Berufstätigkeit auf den Prüfstand!

Kaum etwas anderes bestimmt die Lebensqualität mehr als unsere berufliche Tätigkeit. Dabei geht es sowohl um die Qualität unserer Arbeit als auch um die finanzielle Sicherung unseres Lebens überhaupt: Was für eine Lebensqualität kann ich mir (und meiner Familie) mit diesem Verdienst leisten?

Macht Sie das, womit Sie ihren Lebensunterhalt verdienen, glücklich oder krank? Können Sie von sich sagen, dass Sie in Ihren Beruf so richtig verliebt sind? Sind Sie überrascht, dass es leider schon Abend ist und Sie halt jetzt eine Tätigkeit unterbrechen müssen, die Sie fasziniert und gefesselt hat? Warten Sie schon ganz ungeduldig auf den nächsten Tag und darauf, dass Sie wieder weiterarbeiten dürfen?

Oder gehören Sie eher zu denen, die Ihr Leben nur auf Feierabend und Wochenenden ausgerichtet haben? Die den ganzen Tag ungeduldig auf die Uhr schielen, deren Zeiger sich heute besonders langsam dahinschleppen? Wenn Sie sich jeden Morgen widerwillig zur Arbeit zwingen müssen, wird der ganze Tag zu einer Qual und Sie sind anfällig für Frust und Demütigungen. Die Freizeit wird niemals ausreichen, um diesen Energieverlust zu kompensieren. Aus einer solchen Lebenssituation entwickeln sich Depressionen und Krankheiten.

Erreicht man endlich sein Pensionsalter (wenn überhaupt), ist man zur Ruine verkommen und hat keine Möglichkeit, einen schönen Lebensabend zu genießen.

Befinden Sie sich in einer solchen beruflichen Situation, dann ist es höchste Zeit, über die Brücke in eine neue Lebensphase zu gehen, diese vergangene zu beenden und Ihre berufliche Tätigkeit wieder als Quelle der Energie und Lebensfreude zu entdecken. **Was tun Sie sich da eigentlich tagtäglich an?** Wollen Sie Ihre Leidensfähigkeit testen? Sicher, Rauchen kann „Selbstmord in Raten“ sein und ist inzwischen Gott sei Dank gesellschaftlich geächtet. Doch **der alltägliche „Berufsfrust“ der allermeisten Menschen ist noch weit mehr „Selbstmord in Raten“.** Das nagt an unserer Seele, zersetzt uns innerlich. **Das sollte jetzt ein Ende haben!**

Der Arbeitsplatz kann auch zum Abenteuerspielplatz werden!

„Abenteuerspielplatz“ bedeutet, dass Menschen im Berufsleben das fortsetzen, was sie auch in ihrer Kindheit getan haben: **ihre Fähigkeiten spielerisch entdecken und entwickeln.** In der Kindheit spielten wir mit der elektrischen Eisenbahn, der Puppenküche, dem Kaufladen und auf dem Sandspielplatz, als Erwachsene zum Beispiel bauen wir Sandburgen an der Nordsee.

Auch im Beruf sollten wir wieder zu dieser unbekümmerten Kreativität finden. Das Unternehmen wird so von der Einkommensquelle **zum Ort der persönlichen und beruflichen Entwicklung, zum Abenteuerspielplatz, zum Raum für persönliche Entfaltung, zum Ort der Entdeckung des Lebens, zur Erfüllung und Lösung des eigenen Lebensspiels.** Dann ist die Firma kein Hindernis mehr für die persönliche und spirituelle Entwicklung. Sie kann vielmehr zu einem Ort werden, an dem sich beides vollziehen kann.

Hier öffnet sich für uns eine faszinierende Welt. Heilen Sie Ihre berufliche Tätigkeit, um selbst heil zu werden. Heilen Sie sich selbst, um Ihren Beruf zu heilen, indem Sie ihn zur Berufung wandeln und weiterentwickeln.

Der erste große Schritt, die eigene berufliche Tätigkeit als befriedigend zu empfinden, ist, **ihr eine ganz neue Bedeutung zu geben:** Sie können Ihre Arbeit bereits jetzt als Abenteuerspielplatz definieren und nicht als schlichte Einkommensquelle. Niemand kann Ihnen das verbieten. Machen Sie Ihren Arbeitsplatz, Ihre berufliche Tätigkeit, Ihren Beruf oder auch Ihre Arbeitslosigkeit zum Ort der Selbsterkenntnis. **Es gibt nichts, was Ihr Inneres besser spiegelt!**

Sie können die Nöte Ihrer Gefühle durch therapeutische Innenschau erkennen, durch die Entschlüsselung der Bedeutung ihrer physischen und psychischen Probleme oder – das ist meine Empfehlung – durch die **Beobachtung der Probleme und Schwierigkeiten,** die Sie im Betrieb erleben, in dem Sie Ihren Beruf ausüben.

Gehen Sie einmal für ein Moment aus sich selbst heraus, denn **in** der eigenen Haut sind wir meistens betriebsblind. Betrachten Sie sich einmal **aus den Augen eines anderen.**

Dieser andere stellt sich folgende oder ähnliche Fragen über Sie:

- Was ist das für ein Mensch, der sich in dieser beruflichen Situation verfangen hat?
- Welche Verantwortung trägt er dafür, dass er in dieser Situation steckt?
- Was hat ihn bewogen, diesen Beruf zu wählen?
- Warum lässt er sich das alles gefallen?
- Was hindert ihn daran, sich nach einem anderen Beruf umzusehen?

Vielleicht hilft Ihnen bereits dieser **Perspektivenwechsel** (und noch andere Fragen, die ihnen dieser „andere" stellt), das **Veränderungspotenzial** Ihrer scheinbar eingefahrenen beruflichen Situation zu erkennen. Ich werde Ihnen immer wieder die Empfehlung geben: Machen Sie ein Spiel daraus! Spielen Sie mit Ihrer beruflichen Situation! Machen Sie noch heute daraus einen Abenteuerspielplatz für Ihre Selbsterkenntnis.

Kommen Sie durch diese **spielerische Einstellung** aus der Verbissenheit in die Lockerheit, aus der Verkrampfung in den Fluss neuer Ideen, aus der Hoffnungslosigkeit ins Träumen. Das können Sie doch! Das konnten

Sie schon als Kind. Also: Lassen Sie uns aus dem traumatischen Alltag wieder ins Träumen kommen!

Jetzt können Sie Ihren Lebenstraum erfüllen

Eine der wichtigsten Voraussetzungen auf dem Weg zur Berufung ist, dass Sie wieder zu träumen lernen. **Denn in unseren Träumen offenbart uns unser wahres Selbst, worin unsere eigentliche Lebensaufgabe besteht.** Wir können wieder an unsere Kindheits- oder Jugendträume anknüpfen. Viele haben ihre Träume kilometerweit unter der Erde vergraben und richtig einbetoniert! Sie sind gar nicht mehr in der Lage, Träume zu äußern. Sie wollen keine „Träumer" sein, sondern Realisten.

Sicherlich geht es nicht darum, sich in Träumen zu verlieren, ein Traumleben zu führen, Traumschlösser zu bauen. Auch das ist nicht unser Thema. Es geht nicht um Realitätsflucht (wie uns die „Realisten" einreden wollen), sondern um DISTANZ: Das, was IST, mit dem zu vergleichen, WAS SEIN KÖNNTE. Schon Goethe wusste: In unseren Träumen steckt unser Potenzial, klopft unsere tiefe Sehnsucht an die Türe der Verwirklichung. Also: Haben Sie **Mut zum Träumen, um IST und SOLL überhaupt vergleichen zu können!**

Sicher (ihr Realisten!): **Wer seine Träume verwirklichen will, darf sich nicht in Träumereien verfangen, sondern muss schließlich aufwachen.** Und aufwachen heißt, sein wahres, selbstbestimmtes, authentisches Leben auch zu **leben.**

Also: Küssen Sie Ihre verborgenen Wünsche wach, geben Sie Ihnen „grünes Licht“, heißen Sie sie willkommen, fragen Sie sich:

- Habe ich überhaupt noch Träume, oder habe ich bereits aufgehört zu träumen?
- Habe ich schon einmal echte Lebensträume verwirklicht?
- Welche Träume habe ich in meinem Leben schon gehabt und dann wieder begraben?
- Welche Träume warten noch darauf, gelebt zu werden?

Schreiben Sie es auf! Damit zeigen Sie Ihren vergessenen Träumen, dass Sie es wirklich ernst meinen, dass sie wieder ans Tageslicht dürfen, respektiert und nicht schnell wieder beiseite geschoben werden.

Ihre Träume sind der Schlüssel zu Ihrer Seele und zu Ihrer Berufung. **Wenn Sie diesen Schritt verpassen, wird ein Teil ihres Innern verschlossen bleiben.** Also: Haben Sie Ihre Träume schon aufgeschrieben? Haben Sie wirklich tief gegraben? Können Sie sich auch an Kindheitsträume wieder erinnern?

Vor allen Dingen: Hat Ihnen diese Aufgabe Freude bereitet? Fühlen Sie sich schon erleichtert? Spüren Sie die Lebens-Energie Ihrer Träume? Haben Sie das Gefühl, mit ihrem Potenzial in Kontakt zu kommen? Drängt in Ihnen etwas nach außen, das sich bisher missachtet gefühlt hat? Können Sie Ihre Träume wie einen gehobenen Schatz feiern?

Machen Sie sich ein kleines **„JETZT-Traumverwirklichungstagebuch“!** Schreiben Sie Ihre großen und kleinen Träume hinein, Ihre Sehnsüchte, Wünsche. Organisieren Sie es so, dass Sie hinter jeder Eintragung auch eine Spalte frei haben, in die Sie eintragen können, wann der Traum in Erfüllung gegangen ist. Wenn Sie auch die nächsten Übungen berücksichtigen, kann ich Ihnen eines versprechen: **Viele Ihrer Träume werden sich viel schneller verwirklichen, als Sie sich in Ihren „kühnsten Träumen" hätten vorstellen können.** So funktioniert das Spiel! Vielleicht glauben Sie mir kein Wort, aber probieren Sie es trotzdem aus!

Unsere Parole lautet also: Träumen Sie auf „Teufel komm raus"! Sie sind doch noch im Spiel, oder? Lassen Sie der Fantasie freien Lauf! Verrückte Ideen, ihr seid willkommen! Und es gibt noch einen Trick, den ich Ihnen jetzt verraten will:

Das Geheimnis des Träumens – Den Seinen gibt's der Herr im Schlaf

Die meisten Menschen träumen ein Leben lang vergeblich von Reichtum und Erfüllung, weil sie das Geheimnis des Träumens nicht kennen. Sie können die Verwirklichung Ihrer Träume in Ihr Leben **(an)ziehen** oder sie aus Ihrem Leben **vertreiben.** Genau das ist der **Unterschied zwischen „Wegträumen" und „Herbeiträumen".**

Nehmen wir ein ganz einfaches und schön materialistisches Beispiel. Es geht dabei natürlich um Geld. Geld ist doch in Ordnung, oder? Wenn Sie ein Problem mit Geld haben, dann denken Sie jetzt einfach an Spielgeld, aber träumen Sie mit!

Ich träume also davon, einmal so richtig reich zu sein. Die meisten kennen solche Träume. Davon leben unter anderem die Lotterien.

Ich kann mit diesem Traum aber **Geld auch wegträumen, es aus meinem Leben richtig vertreiben.** Und das machen wohl die meisten Menschen, deshalb funktionieren diese Träume auch nicht. Und dann hören Sie **ganz** auf zu träumen.

Wenn Sie Geld dringend brauchen, dann sind Sie in einem **„Mangelzustand“.** Ihnen **fehlt** Geld und Sie wünschen sich Geld, um dieses **Loch** zu stopfen. Mit anderen Worten: Sie träumen aus einer Position der Schwäche vom Geld, der Verzweiflung, des Drucks. **Sie laufen Geld würdelos und sich selbst missachtend hinterher.**

Gehen Sie einmal gedanklich in diese Energie! Stellen Sie sich vor, da sei ein Mensch, der Ihnen „nachstellt“. Ihm fehlt jede Attraktivität und das macht ihn um so aufdringlicher. Er wird Ihnen lästig, Sie gehen ihm aus dem Weg. Durch die fehlende innere Selbstachtung (und nur gespielte Selbstsicherheit) hat er keine anziehende Wirkung auf Sie und vertreibt Sie.

Verstehen Sie, was ich damit meine, dass man sich Geld gegenüber würdelos verhalten kann? Mit genau dieser Energie vertreiben wir Geld aus unserem Leben! **Wer Geld hinterherjagt, vor dem ist das Geld schon auf der Flucht.** Sie träumen auf diese Weise das Geld von Ihnen WEG. Ihre finanziellen Probleme werden immer größer statt geringer.

Doch wie kann man Geld HER träumen? Sie werden überrascht sein (aber das sind Sie in diesem Buch inzwischen ja gewohnt). Die Antwort steht schon in der Bibel: **„Wer hat, dem wird gegeben.“**

Jeder kennt diesen Satz aus der Bibel und kaum einer versteht ihn. Jeder glaubt, es sei eine höfliche Formulierung für die Tatsache, dass die Reichen immer reicher werden. Doch dieser Satz ist in der Bibel gar nicht anklagend gemeint! Es ist **Ausdruck eines ganz einfachen geistigen Gesetzes,** das nicht nur für die Reichen im Kapitalismus Gültigkeit hat. Es bedeutet auch, dass Geld nicht nur zu dem kommt, der bereits ein dickes Bankkonto hat, sondern auch zu dem, der schon INNERLICH reich ist.

Mit anderen Worten, wer etwas magnetisch anziehen will, der muss es bereits innerlich besitzen. **Dieser innerliche Besitz ist der Magnet, das Gewünschte ins Leben zu ziehen:** *Wer da* INNERLICH *hat, dem wird* VOM LEBEN AUCH ÄUSSERLICH *gegeben,* WAS ER INNERLICH BEREITS BESITZT. Das klingt doch nach einem ganz vernünftigen Lebensgesetz beziehungsweise – wir spielen ja nur ein Spiel – nach einer ganz vernünftigen Regel im Lebensspiel!

Geld wird angezogen von dem, der es nicht braucht, sondern ausstrahlt: Ich habe alles, was ich brauche. Dann strahle ich Fülle aus. Und so ziehe ich Geld in mein Leben. Ich träume Geld IN mein Leben statt weg.

Vielleicht haben Sie in diesem Punkt doch noch Probleme mit Ihren Lebenserfahrungen, kennen jemand, der viel Geld zum Beispiel an der Börse verloren hat. Dazu nur ein Hinweis: **Geldgier ist auch keine anziehende, sondern eine abstoßende Energie.** Auch Geldgier zieht Geld nicht an, sondern vertreibt es.

Dieses Geld-Beispiel mag zwar sehr materialistisch klingen, ist aber auch sehr alltagstauglich. **Wer gelernt hat, Geld in sein Leben zu ziehen, der weiß, wovon ich spreche.** Und der weiß jetzt auch, was „herbei-träumen" heißt. Wenn Sie das nicht kennen, dann gilt wieder unsere Spielparole: Glauben Sie mir kein Wort, aber probieren Sie alles aus! Lernen Sie, Geld in Ihr Leben zu ziehen (es kommt dann ganz unerwartet), und Sie erlernen so das Geheimnis des Herbeiträumens. Lassen Sie Ihre Wünsche Wirklichkeit werden. Und verlieren Sie auch jede Scheu, finanziell in größeren Dimensionen zu träumen. Nicht, weil sie so viel Geld dringend brauchen, sondern **weil Sie es sich wert sind!** Strahlen Sie diese inneren Werte aus und Sie werden den Geldfluss und den Geldsegen nicht mehr vermeiden können!

Fazit: Immer wenn ich in einem Mangelzustand von der Fülle träume, dann träume ich weg, dann habe ich noch gar nicht angefangen und damit schon alles falsch gemacht. Das Wollen trennt mich vom Gewollten. **Herträumen heißt, in der Fülle von der Fülle zu träumen,** vom Ziel aus zu leben. Das wiederum ist eine Frage der Identifikation mit meinen inneren Werten. Das gilt nicht nur für Geld, sondern auch für unseren neuen Beruf, für den Weg zu unserer Berufung.

Vom Berufsfrust zum Traumberuf

Ich denke, wir haben uns inzwischen gut eingespielt und sind ein richtiges Dreamteam.

Die erste Runde haben wir schon gewonnen! Wir haben einiges an neuen Erkenntnissen gewonnen, neuen

Perspektiven, neuer Energie. Wir haben das Träumen, das Hoffen und den Spielfluss wiedergewonnen.

Wir können sicher schon ein **erstes Resümee** ziehen!

1. Wenn Sie von Ihrer beruflichen Situation (oder gar Arbeitslosigkeit) richtig frustriert sind, dann machen Sie sich bewusst, dass diese **Unzufriedenheit nichts anderes ist als eine Triebkraft zur Veränderung in Ihrem Leben.** Manchmal gibt einem das Leben einen Tritt ins Hinterteil, damit man wieder in Bewegung kommt und das Leben weitergeht. Okay, der Tritt kann manchmal ganz schön schmerzen. Aber auch das geht vorbei.
   Betrachten Sie Ihren Berufsfrust als sicheres Zeichen, dass hier eine Lebensphase zu Ende geht. Das ist gut so und in Ordnung. Es kann nur Besseres nachfolgen!
2. Was folgen wird, ist eine **ganz andere Art zu arbeiten.** Sie werden nicht mehr vorrangig arbeiten, um Geld zu verdienen, sondern um sich selbst zu verwirklichen. Das Geld kommt dann von selbst, und zwar mehr, als sie erwartet haben. Diese Art zu arbeiten wird Ihre Lebensqualität erheblich verbessern.
3. Sie haben **zwei wundervolle Bundesgenossen:** die Zukunft und Ihre Träume. Das ist Ihr Rückenwind, das sind die Kräfte, die Sie vorantreiben.
4. Die **Zukunft** braucht Menschen wie Sie, die sich nicht mehr damit zufrieden geben, ein Rädchen im Getriebe zu sein. Die Zukunft braucht Menschen, die in ihrem Beruf ihr volles kreatives Potenzial entfalten. Autonomie ist gefragt, Selbstständigkeit, Verantwortungsbewusstsein, Flexibilität, Authentizität, Integrität, Integrationsfähigkeit. Es ist genau das,

was Sie zu einem neuen Leben anspornt. Sie können dem Spiel vertrauen: **Das Leben braucht Sie genau auf dem Platz, den Sie jetzt einnehmen möchten.**

5. Ihre **Träume** wissen längst, worum es geht. Sie können Ihren Träumen auch dann folgen, wenn alles im Nebel zu versinken scheint. Auch Ihren Träumen können Sie vertrauen, denn in Ihnen zeigt sich Ihr grenzenloses Potenzial.
   Sie lernen gerade, Ihre **Traumverwirklichungskraft** wieder zu entdecken und weise zu gebrauchen. Je mehr Sie im Alltag Ihre kleinen Träume verwirklichen können, umso schneller und umso mehr können Sie aufs Ganze gehen: Ihren Lebenstraum tatsächlich verwirklichen. Das wird Ihr Traumberuf sein, Ihre Berufung!
6. Aber kündigen Sie am besten nicht gleich – es sei denn, das Leben lässt Sie über Ihren Traumberuf stolpern und Sie haben gar keine andere Wahl.
   Lassen Sie sich die Zeit, die Sie auf Ihrem Weg zur Berufung als Reifeprozess wirklich brauchen. Brechen Sie jetzt nichts übers Knie. **Ihre behutsame, aber konsequente persönliche Entwicklung steht jetzt im Vordergrund** und kein gewaltsamer Bruch mit Ihrer aktuellen beruflichen Situation.
7. In der Zwischenzeit **wandeln Sie Ihre berufliche Situation in einen Abenteuerspielplatz um.** Nutzen Sie Ihre berufliche Tätigkeit, um sich konsequent auf Ihre Berufung vorzubereiten. Sobald Sie erkennen, dass Ihr Beruf ein Spiegel für Ihre Selbsterkenntnis ist, können Sie hier noch eine Menge lernen. Wenn die Zeit reif ist, wird das Leben Ihnen zeigen, wie es konkret weitergeht. Aber auch das

werden wir in einer späteren Spielrunde noch gemeinsam lernen.

Jetzt müssen wir uns noch kurz mit einem einfachen Konzept beschäftigen. Ich weiß, es gibt Tausende von Konzepten. Konzepte versuchen eine Orientierung zu geben, die komplexe Wirklichkeit auf ein paar markante Äußerungen zu vereinfachen. Wenn uns immer bewusst bleibt, dass dies nur Konzepte sind, die uns helfen wollen, die Wirklichkeit besser zu verstehen, dann ist das ganz in Ordnung. Und ich verspreche Ihnen, dass mein Konzept einfach und praktisch ist, leicht nachvollziehbar und einleuchtend – nicht mehr, als wir für die nächsten Schritte brauchen. Es geht darum, in Form eines einfachen Konzepts **das wahre, authentische SELBST** vom **außenorientierten ICH** zu unterscheiden.

2. Das authentische SELBST und das außenorientierte ICH

Für viele Menschen ist das Leben etwas, das geschieht, während sie anderweitig beschäftigt sind. Das Leben zieht an ihnen vorbei, ständig „wurschteln“ sie sich von einem Provisorium zum anderen. Irgendwann wird das EIGENTLICHE LEBEN schon beginnen – hoffen sie. Jetzt gilt es, hart zu arbeiten. Irgendwann wird Zeit für Glück sein. Irgendwann wird die Zeit da sein, sich um seine Lebensträume zu kümmern. Doch so werden sie den Rest Ihres Lebens auf das eigentliche Leben warten.

Die meisten Menschen leben nicht, sondern werden gelebt. Sie steuern sich nicht wirklich selbst, sondern werden von außen gesteuert. Diese Außensteuerungs-Programme sind oft auch ins Unterbewusstsein implantiert. Man denkt, aus eigenem Impuls zu handeln, dabei hört man im Inneren nur ein von außen besprochenes Tonband ablaufen.

Wie wir uns selbst fremd geworden sind und uns von außen steuern lassen

Dieses Außensteuerungsprogramm ist so perfekt, dass wir es gar nicht erkennen. Selbstbetrug und Selbsttäuschung sind gleich mitprogrammiert. Wer würde schon gerne erkennen müssen, dass er nicht Chef/in in seinem Unternehmen, sondern anderen Kräften wehrlos ausgesetzt ist? DU SOLLST NICHTS MERKEN! hat die Schweizer Psychotherapeutin und engagierte Schriftstellerin Alice Miller programmatisch eines ihrer vielen Bücher genannt, die diesen Mechanismus aufdecken.

Lassen Sie uns einige Symptome dieser Außenlenkung aufführen:

- Man ist **nicht eins mit seinen Gefühlen,** wird von Gefühlen wie Traurigkeit, Wut, Hilflosigkeit, Depression heimgesucht, ohne ihren Grund zu verstehen. Große Teile des Gefühlslebens scheinen richtig abgespalten zu sein bzw. ihr Eigenleben zu führen. Mal heulen Sie fast grundlos, mal sind Sie versteinert, obwohl es Grund zur Trauer gäbe.
- Auch der **Körper** spielt sein eigenes Spiel. Plötzlich aufkommende Röte im Gesicht zählt da noch zu den harmlosen Varianten. Man kommt ständig ins Stolpern, verhält sich linkisch, wie ein Elefant im Porzellanladen.
- Wir sollten auch nicht vergessen, wie fremd uns unser Körper bei **Krankheiten** werden kann. „Warum muss ausgerechnet mir das passieren?“ „Was hat das zu bedeuten?“ „Warum habe ICH immer Kopfschmerzen, Migräneanfälle und andere nicht?“
- Sie kennen sicher auch **Versprecher,** sagen plötzlich etwas, das Sie nicht einmal zu denken gewagt hätten. Da platzt aus Ihnen eine Gemeinheit, eine Bösartigkeit heraus, die Sie von sich nie für möglich gehalten hätten.
- Wenn Sie ständig unter **Stress und Druck** stehen: Was soll das anderes sein, als von außen gesteuerten Terminen und Anforderungen zu unterliegen und nicht gewachsen zu sein?

- Typisch ist das Gefühl, ständig auf Anforderungen **reagieren** zu müssen, statt die Fäden in den eigenen Händen zu halten. Ein Gefühl der **Abhängigkeit** ist natürlich genauso typisch für „Außensteuerung". Vieles wird dann auch als „Sachzwänge" verharmlost. Der Lebensbereich, den man selbst bestimmt, zieht sich dann aber doch sehr zusammen: die grüne oder die rote Krawatte, das blaue oder das gelbe Kleid, Pommes mit oder ohne …
- Man fühlt sich nicht als Steuermann des eigenen Lebens, sondern hat **Platz genommen auf dem Beifahrersitz.** Dort hat man durchaus eine gewisse Handlungsfreiheit, kann in eine ganz andere Richtung schauen als das Auto fährt. Welche Unabhängigkeit! Man kann auf dem Beifahrersitz vieles tun, aber das Steuer hält man nicht in der Hand.

Lassen wir es gut sein! Sie kennen dieses Gefühl, nicht Herr (oder Dame) im eigenen Haus zu sein, selbst sehr gut, ohne dass wir jetzt jede dieser „Opfersituationen" eigens aufwärmen müssten.

Diese Marionetten-Fäden werden wir jetzt kappen und Sie werden feststellen, dass diese Spiel-Figur nicht in sich zusammenfällt, sondern selbst aufrecht stehen kann! In Wahrheit ist sie gar keine Marionettenfigur, sondern ein Spieler in trance-ähnlicher Selbstvergessenheit.

Seien wir wenigstens zu uns selbst ehrlich: Schluss mit dem Selbstbetrug und der Selbsttäuschung! Die Wahrheit fängt bei jedem selbst an. Es ist mein voller Ernst: Sie dürfen jeden betrügen, nur nicht sich selbst! Übrigens, wenn Sie sich selbst gegenüber immer ehrlicher und wahrhaftiger werden, dann sind Sie es anderen Menschen gegenüber auch. **Der Weg zur Wahrheit (und zum wahren Selbst) beginnt immer bei einem selbst** – das ist doch jetzt sicher keine Überraschung!

Das Drama der „Trotzphase"

Ich denke, der wichtigste Bruch in unserem Leben, an dem sich unser „wahres Selbst" bis zur Unkenntlichkeit abspaltet, ist die Kindheitsphase, die in unserer Psychologie und im pädagogischen Alltagsverständnis von jungen Müttern und Vätern (Großvätern und Großmüttern) als „Trotzphase" bezeichnet wird.

Zunächst sollte es uns überhaupt stutzig machen, welche Perspektive dieses Wort einnimmt. Es ist doch **die Perspektive der Erwachsenen:** Das Kind ist MIR gegenüber trotzig! Aus der **Perspektive des Kindes** würde man diesem Verhalten doch einen andern Namen geben müssen: **Erwachen des Eigenwillens** zum Beispiel. Die Erwachsenen-Sicht dieses „psychologischen Fachbegriffs" ist doch auffallend, oder?

Ein Psychologe hat einmal die Äußerung gemacht, Eltern würden ihr Kind so lange bedingungslos lieben, bis es widerspricht! Tatsächlich, und dann wird aus dem kleinen Fritzchen plötzlich ein ICH und ein WILL und ein NICHT.

Und ganz katastrophal wird es, wenn sich diese drei Reizworte im Mund des kleinen Fritzchens gar zu einem einzigen Satz verdichten: ICH – WILL – NICHT!

Da haben wir es! **Das Kind trotzt** – und das gehört sich nicht und wird ihm ausgetrieben! Was soll denn sonst „Erziehung" sein? Wenn nicht JETZT, wann dann?

In meinen Augen ist das **der Knackpunkt** und deshalb stelle ich dieses Drama hier auch möglichst dramatisch dar. Das SELBST des Kindes wird geknackt! **Dabei hätten die Eltern in diesem Augenblick die Persönlichkeitsbildung ihres Kindes erleben und wie eine Geburt feiern können!** Es macht doch den **M-e-n-s-c-h-e-n** aus, ein ICH-Bewusstsein, einen WILLEN zu haben und in abstrakten Kategorien denken zu können: mit „nein", „nicht" und „kein".

Verstehen Sie, was ich meine? Wenn Sie Ihrem „wohlerzogenen Hund" zurufen (der kennt übrigens aus leicht nachvollziehbarem Grund KEINE Trotzphase): „Komm!", dann kommt der, klaro. Wenn Sie ihm aber zurufen: „Komm NICHT!", dann kommt er **trotzdem** freudig mit dem Schwanz wedelnd – und das nicht aus Trotz, sondern mangelnder Intelligenz! NICHT kapiert ein Hund einfach nicht. Hunde sind reine „Positivdenker", Negationen gibt es in ihrer Denkstruktur nicht.

Unser kleiner Trotzkopf Fritzchen ist für das NICHT aber **nicht mehr zu dumm.** Seine typisch menschliche Intelligenz erwacht gerade. Wunderbar! Er weiß, was er meint, wenn er sagt: „Ich will NICHT!" Und das muss er jetzt teuer bezahlen!

Wir können es kurz auf den Nenner bringen: **Erziehung ist die Kunst, einem Kind warm- oder kaltherzig, flüsternd oder lautstark, mit Zucker oder Peitsche beizubringen, JA! zu sagen, wenn es nein! meint.** Trotz gebrochen – Herz gebrochen. So einfach ist das.

Trotzen kann übrigens auch etwas Herrliches sein! Wie der wagemutige Ritter, der dem feuerspeienden

Drachen trotzt. Und oft erwacht in den Kindern in dieser „Trotzphase“ (die die Alten fälschlich als Affront gegen sich selbst auffassen) nur **der kleine Held, die kleine Heldin,** die sich stark genug fühlen, der ganzen WELT zu trotzen. HIER BIN ICH! WAS WOLLT IHR?! **Im Herzen dieser kleinen Helden erwacht der MUT, das Löwenherz, der innengesteuerte Charakter:** „Obwohl ich noch so klein bin, **trotz-dem** bin ich stark!“ Auch aus dieser Perspektive: eine herrliche Geburt, die gefeiert werden sollte!

Die Heldenreise unseres authentischen SELBST endet jäh, kaum dass sie begonnen hat. Unser erwachender und überschäumender Mut verwandelt sich in das dumpfe, ohnmächtige Gefühl „Ich habe keine Chance“. Das NEIN! in uns wird immer leiser, bis wir es gar nicht mehr wahrnehmen können. **Wir sind angepasst.**

Unser wahres, authentisches Selbst ist verdrängt, unser abgespaltenes, Freundlichkeit und Jasagerei heuchelndes, schwach gewordenes Rest-Ich (Ego) ist **außenorientiert und außengesteuert.** Die Antennen sind nur noch nach außen gerichtet: Was muss ich tun, um geliebt und anerkannt zu werden? Bloß nichts falsch machen, bloß nicht anecken. Was denken die anderen wohl? Was erwarten DIE von mir? Wie mache ich bloß alles richtig? Wie bekomme ich Lob und Anerkennung?

Eine ähnlich dramatische Phase machen wir dann noch einmal in der **„Pubertät“** durch – auch eine von den Erwachsenen missverstandene Geburt. Statt zu helfen, das vergrabene Selbst wenigstens in dieser Phase der neuen Identitätsfindung wiederzubeleben, wird es jetzt durch zu erlernende gesellschaftliche Rollen über Jahrzehnte total zubetoniert. **Die Außensteuerung gewinnt an Perfektion.** (Es sind auch die Gleichaltrigen-Gruppen, die diese Konformität fördern.)

Doch wir sind in unserer Persönlichkeitsentwicklung jetzt an dem Punkt, diese Programme zu beenden. Wir vernehmen wieder deutlicher die leisen Klopfzeichen unseres „wahren SELBST" aus seinem zubetonierten Verlies, graben uns wieder zu ihm vor, um es zu befreien. Ohne die disziplinierte Arbeit und Mühe („das Joch auf sich nehmen"), das SELBST zu befreien und eine feste Verbindung zu ihm herzustellen („anjochen"), wird es jetzt keinen Fortschritt mehr geben. Es gilt, die Außensteuerungsprogramme zu de-installieren („Entfernen-Taste" auf dem Computer) und unser SELBST wieder zum funktionierenden Betriebssystem, zum Zentrum unseres Lebens zu machen.

Auf dem Weg zum SELBST wird das erziehungs-geschwächte, außenorientierte Ich **stark,** gewinnt seinen **Mut** zurück, **trotzt allen Gefahren und Verführungen** und geht ein neues Bündnis mit dem SELBST ein. **Ich gebe zu: Das ist das eigentliche Dream-Team Ihres Lebens: ICH & SELBST zu sein, wahrlich ICH-SELBST.**

Mit dem SELBST Kontakt aufnehmen

Sie sind mit einer bestimmten Absicht, einer Lebensaufgabe, einem Lebensziel, einer Bestimmung auf diese Welt gekommen. Diesen Plan kennt Ihr wahres Selbst, Ihr wahres Wesen.

Eine der wirksamsten Methoden, mit Ihrem Selbst in Kontakt zu kommen und in Kommunikation zu treten, ist, sich selbst (Ihrem SELBST) Fragen zu stellen und die Antworten wahrzunehmen.

Sie werden in der nächsten Spielrunde („3. Was ist meine Berufung?") viele dieser möglichen Fragen an Ihr SELBST finden. Diese sollten Sie als „Pflichtprogramm" wenigstens EINMAL komplett durcharbeiten („anjochen" und „Ihr Joch auf sich nehmen").

Doch die Antworten von Ihrem SELBST bekommen Sie weder vom Postboten, noch finden Sie diese unter Ihren E-Mails. Es gibt nicht nur die Kunst, Ihrem Selbst sinnvolle Fragen zu stellen, sondern auch **die Kunst, seine Antworten wahrzunehmen.** In welcher Sprache spricht Ihr SELBST, wie sendet es Ihnen seine Botschaften? Sind es Bilder? Sind es Stimmen? Sind es „Zufälle"? Sind es Einfälle? Sind es Träume? Sind es Herzensregungen? Ist es die „innere Gewissheit des Herzens"?

Sehen Sie, gar nicht so einfach. Und vor allem: Es ist keineswegs bei jedem gleich! Jedes wahre SELBST hat einen bevorzugten **Sendekanal.** Aber auch: Jedes Ich hat einen bevorzugten **Empfangskanal.** Sie brauchen Zeit, um herauszufinden, auf wie einzigartige Weise das genau bei Ihnen funktioniert, und es aufeinander abzustimmen.

Doch ich will Ihnen schon jetzt zwei Techniken beschreiben, die Ihnen dabei helfen werden, die Antworten aus Ihrem SELBST zu den Fragen der nächsten Spielrunde auch klar und deutlich zu empfangen.

Die einfachste und direkteste Methode ist **der Arm-Test. Keine Diskussion: Pflichtprogramm!** Auch wenn Sie von Ihrem wahren SELBST abgetrennt sein sollten, Ihr Körper ist es NICHT, ist es nie gewesen. Und diese immer währende Verbindung zwischen Körper und SELBST können wir jetzt nutzen.

Die Technik des Armtests

Diese Methode hat eine entscheidende Einschränkung. **Der Körper kann Ihnen klar und deutlich nur mit JA! oder NEIN! antworten.** Das heißt: Sie dürfen ihm nur solche Fragen stellen, die er auch mit JA oder NEIN beantworten kann. Es fallen also grundsätzlich **ALLE W-Fragen** (Wer? Was? Wie? Wann? Wie lange? Wie viel? usw.) heraus! **Es kommen nur Behauptungen „in Frage".**

Jetzt geht's gleich ans Ausprobieren!

Bitten Sie einen Freund oder ein Mitglied der Familie, sich als Testpersonen zur Verfügung zu stellen, und führen Sie folgenden Test durch:

1. Die Testperson steht aufrecht, der rechte Arm hängt entspannt an der Seite herunter, der linke Arm wird mit gestrecktem Ellbogen parallel zum Boden gehalten.
2. Stellen Sie sich vor die Testperson und legen Sie Ihre linke Hand zur Stabilisierung auf die rechte Schulter der Testperson. Legen Sie die rechte Hand auf ihren ausgestreckten linken Arm, genau oberhalb des Handgelenks.

3. Sagen Sie der Testpersonen, dass Sie versuchen werden, den Arm herunterzudrücken, während sie mit aller Kraft Widerstand leisten soll.
4. Drücken Sie den Arm ziemlich rasch und fest, jedoch nicht ruckartig herunter. Es kommt darauf an, gerade so zu drücken, um den Widerstand des Armes der Testperson feststellen zu können, nicht so stark, dass der Muskel ermüdet. Es kommt nicht darauf an, wer stärker ist, sondern ob der Muskel innerhalb der ersten fünf Zentimeter des Testradius das Schultergelenk gegen den Druck verschließen kann. Dies funktioniert dann etwa ähnlich einem Scharnier, das einrastet. Der Druck beim Testen darf nur ca. 3 Sekunden lang ausgeübt werden. Bei längerem Drücken wird jeder Muskel müde, und Sie bekommen ein falsches Testergebnis.

Konnte die Testperson dem Druck widerstehen? Fast immer ist dies der Fall; **der Arm bleibt ausgestreckt.**

Führen Sie dann den Test noch einmal durch, während die Testperson eine der folgenden Tätigkeiten ausübt:

- Sie isst etwas raffinierten Zucker.
- Sie hört Popmusik.
- Sie legt ein Stück Plastik auf den Kopf (eine Plastikeinkaufstüte reicht vollkommen).
- Sie blickt in fluoreszierendes Licht.
- Sie denkt an eine unangenehme Situation.

Das Ergebnis des Tests wird Sie überraschen. Nur selten gelingt es der Testperson, dem Druck zu widerstehen; **der Arm lässt sich fast immer ganz herunterdrücken.**

Wie ist das möglich? Obwohl der Testende den gleichen Druck ausübte wie zuvor, war der Arm plötzlich schwach geworden. **Es ist eine Entweder-oder-Situation: Entweder der Arm gibt nach oder er gibt nicht nach.**

Was ist hier eigentlich passiert? Irgendwie haben der Zucker oder die Musik oder die anderen Einflüsse den Muskel zeitweilig geschwächt. Derselbe Effekt würde bei jedem anderen Körpermuskel auftreten. (Wir verwenden diesen speziellen Muskel, den Deltamuskel, da er leicht zu testen ist.) **Offensichtlich war die Energieversorgung im Körper während des Tests gestört.**[1]

Der Test erkennt also die **Energielage im Körper.** Wenn Ihre Aussage **stimmig** ist, dann reagiert der Arm stark, ist die Aussage **unstimmig** und damit die Energie schwach, dann reagiert auch der Arm schwach und lässt sich fast widerstandslos durchdrücken. (Sie erinnern sich: stimmt – stimmt nicht – stimmt …)

Da der Test für alle Muskeln gilt, gibt es auch einen **„Armtest für Alleinstehende“:** Mittelfinger und Daumen der einen Hand bilden einen Kreis, Mittelfinger und Daumen der anderen Hand greifen in diesen geschlossenen Kreis und schließen sich ebenfalls. Sie bilden aus vier Fingern zwei ineinander liegende Ringe.

Testen Sie zunächst, wie stark die Muskeln sind, wenn Sie die Hände auseinander ziehen: Was heißt es, stark zu reagieren? Dann brauchen Sie nur etwas völlig Unstimmiges zu denken wie „Ich bin 10 Jahre alt“ – und schon halten Ihre Fingerringe nicht mehr!

Sie können mit solchen Übungen sehr viel testen! Daraus eine ganz persönliche „Wissenschaft" für Ihr Leben machen: Tut mir das Lebensmittel gut? Bin ich durch Amalgam quecksilberbelastet? Ist die Entscheidung richtig?

Doch denken Sie daran, der Armtest ist immer nur ein JA-NEIN-Messsystem. **Keine Frage stellen, sondern immer nur Behauptungen aufstellen:** „Milch bekommt mir gut." (Testen Sie diese Frage doch einmal. Viele Menschen haben eine versteckte Milchallergie und wissen es nicht!) Das ermöglicht dann auch gegenzutesten: „Milch bekommt mir nicht gut."

Wenn Sie diesen Test öfter durchgeführt haben, werden Sie bald ein inneres Gespür dafür bekommen, ob Ihr Muskel stark oder schwach reagiert. Sie brauchen den Test erst gar nicht mehr durchzuführen, sondern fühlen bei einer klar formulierten Behauptung gleich die Antwort als **innere Gewissheit. Dann brauchen Sie den Körper nicht mehr als „Medium" zwischen Ich und SELBST, sondern können immer direkter mit Ihrem SELBST kommunizieren.**

Wie man sich Antworten und Lösungen einfallen lässt

Machen wir uns noch einmal bewusst: Wir können von unserem SELBST keine Antworten erwarten, wenn wir ihm keine Fragen stellen. Also lernen wir jetzt, unser SELBST ganz systematisch zu fragen. Mit dieser Technik lernen wir, die Antworten **nicht verkrampft zu suchen, sondern sie uns einfallen** zu lassen. Wir richten den Sende-und-Empfangs-Kanal ein. Wir wissen: Das SELBST sendet und wir bitten um eine **Botschaft in der Form des Einfalls.** Und wir richten unsere **Aufmerksamkeit als Empfangsorgan auf spontane Einfälle.**

1. Schritt

Ich mache mir die Tatsache bewusst, dass die Antwort auf meine Frage, die Lösung für meine Aufgabe, die richtige Entscheidung **mit absoluter Sicherheit kommen** und nur darauf warten, dass ich bereit bin, sie in mein Bewusstsein treten zu lassen. Das ist sozusagen die EINSTELLUNG des Empfangs.

2. Schritt

Ich formuliere nun ganz präzise meine Frage und wiederhole mehrmals meinen Wunsch. Ich formuliere dabei so einfach wie eben möglich, aber unmissverständlich. Damit wähle ich aus den allumfassenden Möglichkeiten die Information aus, die ich derzeit brauche.
Die Frage kann gerne auch **schriftlich formuliert** werden. Das hat den Vorteil, dass man an der Formulierung so lange feilen kann, bis sie stimmt.

3. Schritt

Ich erfülle mein Bewusstsein mit der **Überzeugung, dass damit die Antwort mich sicher erreicht und ich sie auch wahrnehme.**
Dieser Glaube ist eine bestimmte energetische Schwingung, die unweigerlich das Geglaubte anzieht, aber auch nur dieses. Was ich nicht glauben kann, kann ich auch nicht wahrnehmen. Ich kann mich mit der Vorstellung erfüllen, dass mich die Antwort zu einer

bestimmten Zeit erreicht, oder nach einem bestimmten Empfangsritual, z. B. am nächsten Morgen, sobald ich den ersten Schluck trinke. Oder sofort, sobald ich einen bestimmten Auslöser betätige. Ich schaffe mir dazu ein bestimmtes **Empfangsritual** und mache mich so empfangsbereit.
Das Ganze kann ich abends vor dem Schlafengehen tun. Ich weiß, dass das Ergebnis als Bild, Stimme, Symbol, Gefühl, als innere Gewissheit in mein Bewusstsein treten kann. Auch als Idee, Impuls, Chance, Zufall usw. Ich mache mich also auf allen Frequenzen empfangsbereit oder bestimme eine bestimmte Frequenz, auf die ich mich einstelle.

Stellen Sie sich in Frage!

Sokrates als Geburtshelfer nutzen

Manche Philosophen stellen Sokrates (469–399 v. Chr.) in eine Reihe mit Konfuzius, Buddha und Jesus. Er gehörte zu den maßgebenden Menschen in der Geschichte, insbesondere in unserer abendländischen Kulturwelt. Wenn wir an Sokrates denken, denken wir wahrscheinlich zuerst an seinen Satz: „Ich weiß, dass ich nichts weiß." Aber das kann es ja sicherlich nicht gewesen sein! Nicht jeder, der erkennt, dass er nichts weiß, ist gleich ein großer Philosoph.

Sokrates ist vielmehr der große Lehrmeister des Fragens. Und wenn es die Aufgabe, das Wesen der Philosophie ist, **alles als „frag-würdig"** zu betrachten und **in Frage zu stellen,** dann ist Sokrates wahrlich einer der größten Philosophen! Die **Sinn-Haftigkeit**

des Fragens und die Kunst des Fragens machen das Wesen von Sokrates' Philosophie aus. Das wollen wir hier ergründen, denn auf diese Weise können wir uns **eine sehr wichtige Technik der Lebensphilosophie** aneignen.

Sokrates wollte die Menschen zur Wahrheit führen. Und Fragen heißt auch, den Mut zu haben, sich der **Bitternis der Wahrheit** zu stellen. Dabei war er der festen Überzeugung, dass **jeder Mensch die Wahrheit in sich selbst trage.** Seine Philosophie bestand nicht darin, anderen eine Wahrheit aufzuzwingen (zu überreden), sondern ihnen zu helfen, ihre **eigene** Wahrheit zu finden, mit anderen Worten: sich selbst zu erkennen. **Fragen führen zur Selbsterkenntnis.** Aus diesem Grund ist dieser Philosoph für uns jetzt so wichtig. Und wir können Entscheidendes von Sokrates für unsere nächsten Schritte lernen.

Sokrates verstand sich **als Geburtshelfer** für die Wahrheit der Menschen, mit denen er auf den öffentlichen Plätzen Athens diskutierte: Er wollte durch kunstfertiges Fragen die Wahrheit ans Licht der Welt bringen, durch Fragen zum selbstständigen Denken anregen. Sein oft als **lästig empfundenes Fragen** erschütterte bei den Menschen, mit denen er im Gespräch war, Ihr scheinbares Wissen, entlarvte es als **Pseudo-Wissen.** Sokrates gab den Athenern keine hieb- und stichfesten Antworten, sondern raubte ihnen **die Illusion des Wissens.**

Ich weiß, dass unser Wissen nur eine Illusion ist. Das ist die eigentliche Bedeutung seines berühmten Satzes: „Ich weiß, dass ich nichts weiß."

In den unruhigen und instabilen Zeiten machten diese „subversiven Fragen“ Sokrates in den Augen der Athener Obrigkeit zu einem Aufrührer und „Verführer der Jugend“. Denn gerade die Athener Jugend war fasziniert von seinem Mut zur radikalen Wahrhaftigkeit. **Das Ärgernis seines Fragens wurde zum „Ärgernis Sokrates“ selbst,** das er, wie bekannt, mit dem Tode bezahlen musste.

Doch wir würden Sokrates nur unzureichend verstehen, wenn wir in ihm nur einen „negativen Philosophen“ sehen würden, einen, der **die Grenzen des Verstandes und des Wissens** aufzeigte. Seine eigentliche Lehre geht viel tiefer und ist von positiver, ethischer, ja erhabener Ausrichtung:

Sokrates geht es nicht um oberflächliches Wissen, sondern um **innere Gewissheit.** Diese innere Gewissheit des Herzens hat von ihm einen neuen Namen bekommen: „Daimonion“ und steht für **innere Stimme, innere Warnung.** „Schon von Kindheit an habe ich das: irgendeine Stimme, die mich jedesmal, wenn sie sich hören lässt, von dem abmahnt, was ich gerade tun will, die mich aber nie zu etwas auffordert.“

Von der inneren Stimme ist es nur noch ein kleiner Schritt zum Gewissen. Das ist eine weitere große Entdeckung des Sokrates: **die unbedingte Verpflichtung zum rechten Handeln, die im Grunde des Herzens ruht.**

Was die Athener als Gotteslästerung empfanden, war die feste Überzeugung von Sokrates, dass er nur Gehorsam gegenüber den Weisungen Gottes zeige: „Ich nun würde seltsam handeln, ihr Männer von Athen, wenn ich da, wo mich …, wie ich glaube und annehme, Gott hingestellt hat, damit ich philosophierend lebe und mich und die anderen prüfe, aus Furcht vor dem Tode oder vor irgend etwas anderem meinen Posten verließe."

Mit anderen Worten: Sokrates ist sich seiner Berufung (von Gott) bewusst und bleibt ihr bis zum Tode treu. In seiner Verteidigungsrede vor seinem Todesurteil sagt er: „Nun ist es Zeit wegzugehen: für mich, um zu sterben, für euch, um zu leben. Wer von uns dem besseren Zustand entgegen geht, ist jedem verborgen, außer Gott."

Selbsterkenntnis ist zwar das höchste Ziel des Philosophierens. Die Technik des Fragens dient bei Sokrates (er nannte sie Maieutik = Hebammenkunst, Geburtshilfe) aber nicht nur der Selbsterkenntnis, sondern auch dem **rechtschaffenen, tugendhaften Handeln.** Sich selbst in Frage zu stellen (Selbsterkenntnis) heißt, **sich selbst zu prüfen und immer wieder Rechenschaft abzulegen.** „Ein Leben ohne Prüfung aber ist für den Menschen nicht lebenswert." Dieses Sich-selbst-Prüfen und Sich-selbst-Rechenschaft-Ablegen macht das Leben wertvoll. Genau darum geht es in unseren nächsten Schritten: Selbst-Prüfung, sich Rechenschaft ablegen.

Halten wir fest, was wir jetzt von Sokrates lernen können:

- **Infragestellen des Wissens, besser: des scheinbar Gewussten** (Fragen stellen)
- **wissende Unwissenheit zulassen** („Ich weiß, dass ich nichts weiß.")
- **Achtsamkeit gegenüber der inneren Gewissheit des Herzens** (auf die innere Stimme hören)

- **dem auftauchenden Gewissen folgen** (der Berufung unter allen Umständen treu sein)

Die neue Trotzphase: Trotzen Sie Ihrer Angst!

Man kann nichts wirklich Neues anfangen, keine echte Neugeburt vollziehen, ohne das Alte radikal in Frage gestellt zu haben. Und das ruft Ängste hervor.

Das Schicksal von Sokrates kann uns eben auch Folgendes lehren: Sein radikales Infragestellen hat bei der Athener Obrigkeit **Ängste ausgelöst.** Sie wussten mit dieser Angst nichts anderes anzufangen, als repressiv damit umzugehen. Sie stellten sich nicht den Fragen, sondern verurteilten den unbequemen Fragesteller zum Tode. Sokrates dagegen stellte sich dem gefällten Urteil. Statt zu fliehen, nahm er den todbringenden Schierlingsbecher. Er war seiner Wahrheit treu und fürchtete den Tod nicht, denn er wusste um das JENSEITS.

Das Alte stirbt und das Neue ist noch nicht sicher. Das ist ein Standardauslöser für eine gesunde Angst. Ohne Geburtswehen keine Geburt. Ohne Angst kein Mut.

Es kann keine Veränderung geben, wenn wir uns dieser Angst vor dem Neuen nicht stellen und den Risiken trotzen. **Wer sich der Angst nicht stellt, wird sich den Fragen nicht stellen.** Und wer sich den Fragen nicht stellt, hat den Anschluss schon verloren.

Was fürchten Sie genau?

Schreiben Sie es auf! Erkannte Gefahr ist gebannte Gefahr. Wenn die Ängste nicht mehr dumpf im Unterbewussten hausen, sondern ans Tageslicht gebracht und auf Papier fixiert sind, dann wird aus manch gefürchtetem Drachen ein harmloser Papiertiger: Soll das ALLES sein?

Wenn Sie alle Ängste notiert haben, dann können Sie diese wahrscheinlich in vier Gruppen einteilen:

1. Ängste vor etwas, das einfach passiert (Angst vor dem Altwerden)
2. Ängste vor Situationen, die Ihr HANDELN herausfordern
   (Was passiert, wenn ich dafür nicht genug Geld habe?)
3. Ängste, die Ihr ICH verletzen könnten (Was ist, wenn ich abgewiesen werde?)
4. Ängste, dass Sie ES nicht schaffen (Was ist, wenn ich die Herausforderung nicht meistere und scheitere?)

Alle diese Ängste mobilisieren Ihr inneres Misserfolgsprogramm: Schaffst du nicht! Hast du keine Chance! Schuster, bleib bei deinem Leisten. Machen Sie sich bewusst, dass Angst immer auch ENGE ist. Angst ist ein Ausdruck dafür, dass sich Ihr Bewusstsein zusammenzieht, klein wird, der Riese zum Zwerg „zusammengestaucht“ wird.

Das Heilmittel dagegen ist ERWEITERUNG des Bewusstseins und aktives HANDELN.

Formulieren Sie (zur Erweiterung Ihres Bewusstseins) alle notierten Ängste so um:

- ICH SCHAFFE ES ... mein Alter zu genießen.
- ICH SCHAFFE ES ... souverän zu handeln und alles zu haben, was ich brauche.
- ICH SCHAFFE ES ... Abweisungen nicht persönlich zu nehmen, sondern als Hilfe, es beim nächsten Mal besser zu machen.
- ICH SCHAFFE ES ... und meistere die Situation, denn es stellen sich mir nur die Probleme, die ich auch meistern kann.
- ICH SCHAFFE ES ... meine Ängste in Stärken und Selbstvertrauen umzuwandeln.

Und jetzt gehen Sie hin und versetzen Sie sich innerlich in die Situation, wie Sie alle Ihre Ängste durch tatkräftiges HANDELN überwunden haben und am Ziel angekommen sind. Stellen Sie sich alles innerlich erfolgreich vor. Machen Sie es so lange, bis Sie innerlich wirklich das Gefühl haben: GESCHAFFT!

Was kann denn im schlimmsten Fall passieren?

Auch diese Frage ist eine gute Übung, Ängsten die Luft zu nehmen.

Aber fragen Sie sich zuerst: Was kann im BESTEN FALLE dabei herauskommen? Was könnte passieren, wenn jetzt ein richtiges **Wunder** passiert? Was ist die Chance in der jetzigen Situation, die meinen vollen Einsatz rechtfertigt?

Ja, und was könnte dann im schlimmsten Fall passieren?

Ich denke, Sie werden beim Vergleich feststellen, dass Ihre Vision vom BESTEN das Risiko des denkbar schlimmsten Falles akzeptabel erscheinen lässt.

3. Was ist meine Berufung?

Genau diese Frage stellen wir jetzt unserem wahren, unserem authentischen SELBST in der Gewissheit, dass es die Antwort kennt. Mehr noch: Es liegt in seinem ureigensten Interesse, dass es endlich verstanden wird und Sie nach seinen inneren Plänen (der Lebensaufgabe und Lebensbestimmung) zu leben bereit sind.

Sie finden auf den nächsten Seiten sehr viele Fragen, die Sie inspirieren werden, in eine intensive Kommunikation mit Ihrem wahren SELBST zu kommen.

Die Fragen richten sich weniger oder kaum an Ihren Verstand. Manchmal ist er hilfreich, aber in der Regel überfordert. **Intuitive Antworten** kommen meistens blitzschnell, denn der Verstand „denkt ja erst nach", ist schwerfällig und kritisch. Gewöhnen Sie sich daran, Ihren ersten Gedanken, Ihren spontanen Antworten zu vertrauen und beschwichtigen Sie die zensierende Stimme des Verstandes.

Bei den ersten beiden Aufgaben („Wo stehe ich jetzt?" und „Was verrät meine Lebenseinstellung über mich?") schreiben Sie bitte jede Frage oder jeden Fragekomplex oben auf ein leeres Blatt. Dann warten Sie auf intuitive Antworten. Seien Sie gewiss: Sie tragen auf alle Fragen die richtigen Antworten in sich. Manchmal fallen sie Ihnen sofort ein, und der allererste Gedanke kommt schon aus dem Herzen. Manchmal müssen Sie eine Nacht darüber schlafen. Sie wissen ja: „Den Seinen gibt's der Herr im Schlaf." Machen

Sie es sich vor allen Dingen **zur Gewohnheit, offene Fragen abends noch einmal vor dem Zu-Bett-Gehen durchzulesen.** Und nehmen Sie sich für den Morgen Zeit, die Antworten, die Sie am nächsten Morgen intuitiv wissen, auch aufzuschreiben.

Gehen Sie mit den Fragen **möglichst spielerisch** um. Machen Sie daraus keine Examensarbeit, sondern ein leichtes Spiel zur Selbsterkenntnis. Fragen, die Sie überhaupt nicht ansprechen, lassen Sie einfach weg. Sie werden **spüren, welche Fragen Ihnen wichtig sind, d.h., wo es Ihr SELBST einfach drängt, Ihnen die Antworten zu geben.**

Wo stehe ich jetzt?

Der erste Schritt auf dem geistigen Weg heißt: erst einmal in Besitz nehmen und sinnvoll einsetzen, was ich schon erreicht habe.

Sie stehen jetzt auf genau DEM Platz, am dem Sie ALLES für Ihre Berufung in der Vergangenheit gelernt haben und weiter lernen können. Es ist der ideale Platz Ihrer ganz persönlichen Lebensschule.

Sie finden im Folgenden neun Fragenkomplexe. Nehmen Sie sich für jeden Fragenkomplex (mindestens) ein leeres Blatt Papier vor und nummerieren Sie diese Blätter von 1 bis 9 durch. Wenn Sie mehrere Blätter für ein Thema brauchen (hoffentlich!), nummerieren Sie die Blätter mit 1a), 1b), 1c) usw. Schreiben Sie so viele Assoziationen zu den Fragen auf, wie Ihnen einfallen. Es ist gut möglich, dass Sie diese Notizen immer und immer wieder ergänzen und erst nach einer Woche feststellen: Jetzt ist wohl alles gesagt. Ihnen wird im Laufe der nächsten Tage immer mehr einfallen. Lassen Sie sich für diese Fragen Zeit. Sie müssen nur einmal im Leben da durch.

Also:

1. Was kann ich besonders gut? Welche besonderen Fähigkeiten, Talente und Kräfte besitze ich?
   (Hinweis: Fragen Sie auch andere Menschen! Das BESONDERE ist für einen selbst ja meistens völlig normal, so dass man dafür richtig betriebsblind ist.)

2. Was macht mir besondere Freude?
   Was sind meine Hobbys? Meine Wünsche?
   Was möchte ich den ganzen Tag tun?
   Was begeistert mich so richtig?
   Was würde ich tun, wenn ich ab sofort 10000 Euro Rente jeden Monat bekäme?
   (Hinweis: Diese Fragen sind eigentlich nur eine, die verschieden umformuliert ist, damit Sie hier möglichst viele Ideen zu Papier bringen können.)

3. Welche Ausbildung habe ich? (Welche Ausbildung würde ich gerne noch aufnehmen?)
   In welche Krisen, Schwierigkeiten, Lektionen hat mich mein Leben geführt? (Was habe ich dabei gelernt?)
   Von welchen begrenzenden Vorstellungen sollte ich mich lösen? (Was passt nicht mehr in mein Leben und sollte ich VER-lernen?) (Hinweis: Hier können Sie sich Ihre vergangenen Lernerfahrungen bewusst machen und Ihr Lernbedürfnis für die Zukunft. „Ausbildung“ ist dabei nicht nur im schulischen Sinne gemeint, sondern im Sinne der „Schule des Lebens“.)

4. Welche Chancen bietet mir das Leben, das zu tun? Bisher – in diesem Augenblick – in Zukunft? (Hinweis: Haben Sie ein „Chancen-Bewusstsein"? Nehmen Sie die Chancen, die das Leben Ihnen tagtäglich bietet, überhaupt wahr? Was wäre, wenn Sie dies und jenes als Chance wirklich genutzt hätten?)

5. Auf welchen Platz hat mich das Leben gestellt? Wie kann ich diesen Platz noch besser ausfüllen? Was sollte ich lernen oder verlernen? Wann ist Ihr Beruf, Ihre Partnerschaft wirklich ERFÜLLT? (Hinweis: Oft macht man etwas scheinbar Neues, doch nach einiger Zeit stellt man fest, dass sich nur das Äußere verändert hat, Sie sich in Wahrheit aber nur im Kreise gedreht haben. Wenn Sie wirklich etwas Neues beginnen wollen, muss das Alte erst ERFÜLLT sein, tatsächlich „ausgelebt".)

6. Wenn ich mein Leben noch einmal beginnen könnte, was würde ich dann anders machen? (Hinweis: Diese Frage hilft Ihnen, den Grad Ihrer Unzufriedenheit zu erkennen. Es deutet aber auch schon auf Ihre wahren Träume hin. Warum haben Sie es nicht anders gemacht? Was können Sie daraus lernen?)

7. Was wäre mein realisierter Wunschtraum?
Wie sieht mein erwünschter Endzustand aus?
Wie sieht meine Wunschbiografie aus?
Wie sieht mein Leben als Meisterwerk – als Kunstwerk aus?
(Hier ist viel Fantasie gefragt. Versuchen Sie, Ihre IDEALE Biografie zu erzählen. Achten Sie darauf, dass dann die scheinbar schweren Zeiten in Ihrem Leben in dieser Wunschbiografie in einem ganz neu-

en Licht erscheinen. Gefängniserfahrungen würden darin zum Beispiel zur „Schule der Selbsterkenntnis und Läuterung".)

8. Welche Konsequenzen ergeben sich daraus?
   Was würde mir unter diesen Umständen mein bester Freund/meine beste Freundin raten?
   (Hinweis: Werden Sie so Ihr idealer Ratgeber, Ihr eigener Coach. Was würden Sie einem Menschen mit diesen Träumen raten, jetzt zu TUN?)

9. Was hindert mich eigentlich noch, genau das zu tun?
   Wann bin ich bereit, das Notwendige zu tun?
   (Hinweis: Wenn nicht JETZT, wann dann?)

Was verrät meine Lebenseinstellung über mich?

Jeder Mensch hat eine bestimmte Einstellung zum Leben. Für den einen ist das Leben ein Kampf, für den anderen ein Spiel. Einer sieht an allen Ecken Gefahren und Schwierigkeiten, der andere Möglichkeiten und Chancen. Für den einen ist das Leben ein herrliches Abenteuer, für den anderen eine lästige Pflichterfüllung. Der eine genießt das Leben voller Freude, der andere absolviert es wie eine nicht zu vermeidende Belastung.

Unsere Lebenseinstellung wird viel mehr von unserem Unterbewusstsein beeinflusst als durch unsere täglichen coolen Sprüche. Manch einer, der im Dabeisein anderer Menschen ein lebensfroher Typ zu sein scheint, fühlt sich „lebensmüde" und innerlich leer, wenn er alleine ist. Viele würden lieber „nach Hause gehen“, als die Belastungen des Lebens weiter zu ertragen.

Die folgenden Fragen helfen Ihnen, Ihre allgemeine und vor allem unterbewusste Einstellung zum Leben zu ergründen. Die kleine Fantasiereise, die wir jetzt gemeinsam unternehmen, kann Ihnen Aufschluss darüber geben, welche Einstellung zum Leben Ihr Unterbewusstsein hat.

Stellen Sie sich vor, Sie bekommen eine Urlaubsreise geschenkt, eine echte Abenteuerreise, die Sie ganz alleine bestehen müssen. Kein Hotel, ein richtiges Überlebens-Training. Sie bekommen für diese Reise keinen besonderen Preis. Es geht einzig und allein darum, sich einer solchen Herausforderung zu stellen. Jetzt entscheiden Sie (die erste Frage):

a) Nehmen Sie die Reise an?

b) Nehmen Sie die Reise unter Vorbehalt an?

c) Mit welchem Vorbehalt nehmen Sie die Reise an?

d) Wie begründen Sie Ihren Vorbehalt?

Wunderbar! Sie haben sich also für die Reise entschieden.

Sie dürfen drei Dinge mitnehmen. Die zweite Frage:

Was nehmen Sie mit?

a) ____________________________________

b) ____________________________________

c) ____________________________________

Begründen Sie mir bitte auch noch, warum Sie gerade diese Dinge mitnehmen.

Ihre Abenteuerreise geht natürlich auch durch einen Urwald. Weit und breit keine Menschenseele, nur viele unbekannte und merkwürdige Geräusche, die sie häufig erschaudern lassen. Plötzlich finden Sie vor sich einen Schlüssel. Dritte Frage:

a) Nehmen Sie ihn mit?

b) Wenn Sie ihn liegen lassen, warum?

c) Wie sieht er aus?

d) Wozu gehört er wohl?

Sie kommen an einen Fluss. Die vierte Frage:

a) Wie sieht er aus? (sauber, schmutzig, ruhig, reißend etc.)

b) Gibt es gefährliche Tiere darin? (Krokodile, Piranhas, was auch immer)

c) Überqueren Sie ihn?

Nehmen wir an, irgendwann überqueren Sie den Fluss, weil Sie feststellen, dass sie sonst überhaupt nicht mehr aus dem Urwald herauskommen.

Sie gelangen auf der anderen Seite an eine Mauer. Die fünfte Frage:

a) Wie sieht die Mauer aus?

b) Gehen Sie hinüber? Wenn ja, wie?

c) Was liegt dahinter?

d) Wie fühlen Sie sich dort?

e) Was ist dort zu tun?

Stellen Sie sich diese Abenteuerreise so bildlich wie möglich vor. Lassen Sie nicht Ihren Kopf sprechen, sondern Ihr Unterbewusstsein. Gehen Sie bitte erst dann zur Interpretation dieser Reise, wenn Sie sie richtig „durchlebt“ haben.

Und jetzt zur Bedeutung. Was hat Ihr Unterbewusstsein durch diese Fantasiereise über Ihre Lebenseinstellung verraten?

Die Antwort auf **die erste Frage** zeigt, **ob wir das Abenteuer des Lebens überhaupt annehmen** oder nur mit Vorbehalt, und wenn ja, mit welchem Vorbehalt. Wir erkennen daraus, ob wir zum Leben überhaupt ja sagen, oder ob wir uns vielleicht mit bisher nicht erkannten Vorbehalten selbst behindern.

Die Antwort auf **die zweite Frage** zeigt, **was uns im Leben wichtig ist.** Nehmen wir Dinge mit zum Schutz, zur Bequemlichkeit, zur Unterhaltung oder zum Lebensunterhalt, und wenn, in welcher Reihenfolge? Dabei ist es nicht nur wichtig, was wir mitnehmen, sondern noch mehr, warum wir gerade dies mitnehmen. Es sollte uns auch nachdenklich machen, an was wir gar nicht gedacht haben, ob wir nicht Wichtiges vergessen und Unnötiges mitschleppen.

Aus der Antwort auf **die dritte Frage** sehen wir unsere **Einstellung zum Glück.** Der Schlüssel ist das Symbol für das Glück. Ergreifen wir das Glück dort, wo wir es finden, oder lassen wir es liegen? Warum lassen wir es liegen oder warum nehmen wir es mit? Wie sieht das Glück für uns aus? Ist es ein Schlüssel zu einer Schatztruhe oder zu einem alten Haus, in dem wir Bücher mit vergessenen Weisheiten finden, oder lassen wir den Schlüssel liegen, weil er einem anderen gehört und er ihn sonst nicht wieder finden könnte? Verzichten wir also für einen anderen auf das Glück?

Die Antwort auf **die vierte Frage** zeigt uns, was für uns LEBEN bedeutet, denn der Fluss ist das Symbol für den Strom des Lebens. Ist er klar oder verschmutzt, gefährlich, harmlos, gibt es Pflanzen und Tiere darin oder ist er leblos usw.? Noch wichtiger wird die Aussage, ob wir den Fluss überqueren, ob wir uns dem Strom des Lebens anvertrauen, sogar trotz der erkannten Gefahren.

Die Antwort auf **die fünfte Frage** zeigt unsere **Einstellung zum Tod,** denn die Mauer auf der anderen Seite ist das Symbol für den Tod. Wie sieht für uns der Tod aus? Ist er eine hohe Mauer, die man nicht übersteigen kann, oder hat sie eine Tür oder ein Tor darin? Passt hier sogar mein Schlüssel, damit ich, dort angekommen, aufschließen kann und dahinter sogar zu Hause bin? Wie verhalte ich mich, wenn ich an der Mauer angekommen bin? Ratlos oder zielstrebig? Finde ich einen leichten Weg oder wird es schwierig, auf die andere Seite zu kommen, und was erwartet mich dort?

Sie sehen, auf die wenigen Fragen sind erstaunliche Antworten möglich, die unsere Einstellung zum Leben und zum Tod erkennen lassen. Diese Geschichte hilft Ihnen aber auch zu erkennen, ob Ihr Unterbewusstsein bei Ihrer Berufung mitspielt oder doch eher ein ängstlicher Begleiter ist, der Sie warnt, zurückhält, d. h. eher kein Risiko eingehen will. „Was sollen die Leute denken?“ Vielleicht erzählen Sie Ihrem Unterbewusstsein auch eine ganz andere Abenteuerreise, an die es glauben kann?

Welche Werte bestimmen meine Bestimmung?

Ihre Werte sind die Überzeugungen, was SIE für richtig und wichtig halten: Wie Sie sich kleiden, welchen Beruf Sie ausüben, welchen Wagen Sie wie fahren, welchen Partner Sie wählen, wie Sie Ihre Kinder erziehen, mit Geld umgehen, welche Freunde Sie haben und natürlich wie viel Geld Sie verdienen – alles das ist abhängig von Ihren individuellen Werten. Die Werte eines Menschen sind der Schlüssel zu seinem Verhalten. Vor jeder Verhaltensänderung findet ein ganz persönlicher Wertewandel statt. Das kann man bei sich beobachten oder ganz bewusst steuern!

Unsere Eltern haben den größten Anteil an der Programmierung unserer Werte, sei es als Vorbild oder als negatives Beispiel. Die meisten Werte werden durch Strafe oder Belohnung einprogrammiert, später durch Erfolg oder Misserfolg. Das gilt dann auch am Arbeitsplatz. Wenn jemand in seiner Firma etwas werden will, muss er automatisch die wichtigsten Werte dieser Firma übernehmen.

Unsere Werte bestimmen auch unser Selbstbild und unsere Ziele. Aber auch den Weg, wie wir diese Ziele erreichen. Dabei sind den meisten Menschen ihre Werte nicht einmal bewusst, obwohl sie ihr ganzes Leben danach richten. Sie wissen meist nicht, warum sie bestimmte Dinge tun und andere meiden.

Nicht alle Werte sind uns gleich wichtig, deshalb sollten wir uns auch die Hierarchie unserer Werte bewusst machen. Manche Werte kollidieren mit anderen unserer Werte, sie sind nicht „kongruent“ (mit sich selbst im

Einklang). Vielleicht möchten Sie beruflich erfolgreich sein, legen aber auch Wert auf ein harmonisches Familienleben. Daraus können sich Konflikte ergeben. Die meisten unserer Konflikte entstehen aus einer Kollision verschiedener Werte. Erst wenn Sie Ihre Wert-Hierarchie kennen oder die der anderen, können Sie verstehen, warum Sie so oder so handeln (müssen). Solange Ihr Leben mit Ihren Werten in Konflikt steht, können Sie nicht wirklich glücklich werden. Leben und Werte müssen daher „kongruent" sein.

Für die meisten Menschen ist KONFORMISMUS der „Meta-Wert", der Wert über den Werten. Wichtig ist es ihnen, die gleichen Werte zu haben wie die anderen. **Mit zunehmender Selbstbestimmung lösen wir uns jedoch vom Konformismus und entscheiden uns für die eigenen Werte. So wandeln wir uns vom „außengesteuerten" Menschen zum Menschen mit Prinzipien und Charakter.**

Es geht hierbei nicht darum, welche Werte richtig oder falsch sind, sondern darum, zu erkennen, welches IHRE Werte sind und ob Sie sie behalten oder ändern wollen. Was ist für sie wirklich WERT-VOLL? **Auf dem Weg zur Berufung ist die bewusste Auseinandersetzung mit den eigenen Werten ein notwendiges Durchgangsstadium.** Menschen, die sich selbst verwirklichen, verbinden sich in typischer Weise mit ganz bestimmten Werten. Das sind die wirklich INNEREN WERTE – Werte, die aus dem Herzen, aus dem SEIN kommen.

Fragen Sie sich dabei auch, was die einzelnen Werte für Sie bedeuten und warum sie für Sie diese Bedeutung haben. Klären Sie auch, wodurch für Sie ein bestimmter Wert erfüllt wird. Auch fundamentale Programme sind Werte.

In folgender Tabelle finden Sie ein **„ABC der Werte“.** Hier sind in alphabetischer Reihenfolge 195 mögliche Werte aufgeführt. Diese Tabelle kann nicht vollständig sein, ist aber sicher schon ein guter Anfang, sich der unterschiedlichen Werte bewusst zu werden und die Werte zu erkennen, die bei Ihnen in Ihrer augenblicklichen Situation ganz oben stehen.

Das ABC der Werte

Abenteuer	Bewusstseinserweiterung
Achtung	Beziehungsfähigkeit
Ästhetik	Bildung
Alter	Bindungsfähigkeit
Aktivität	Dankbarkeit
Akzeptanz	Demokratie
Anerkennung	Dinge bewegen
Anpassungsfähigkeit	Distanz
Anteilnahme	Disziplin
Arbeit	Durchsetzungsfähigkeit
Architektur	Ehe
Aufregung	Ehre
Ausgeglichenheit	Ehrlichkeit
Autonomie	Einfluss
Autorität	Erfolg
Bequemlichkeit	Erleben
Beruf	Einfallsreichtum
Bescheidenheit	Einfühlungsvermögen
(der) Beste sein	Entscheidungsfähigkeit

Erfüllung
Erwachsensein
Fairness
Familie
Fantasie
Fleiß
Flexibilität
Freiheit
Freizeit
Freizügigkeit
Fremdachtung
Freude
Freundschaft
Friede
Fürsorge
Gastlichkeit
Geborgenheit
Gefühlsbindung
Gehorsam
geistige Bindung
Geld
Gemeinschaftssinn
Gemütlichkeit
Gerechtigkeit
Geschmack
Geselligkeit
Gesundheit
Gewissen
Gewissensfreiheit
Glaube
Gleichheit
Glück
Güte
Harmonie
Heiterkeit
Herausforderung
Herkunft
Hilfsbereitschaft
Höflichkeit
Hoffnung
Humor
Individualismus
Information
Innovationsfähigkeit
Integrität
Intelligenz
Jungfräulichkeit
Kameradschaft
Kinder
Klugheit
Körper
Komfort
Kommunikation
Kompetenz
Konfliktfähigkeit
Kontrolle
Kooperation
Korrektheit
Kreativität
Kultur
Kunst
Lässigkeit
Leistung
Leidenschaft

Lernen	Reichtum/Besitz
Liebe	Respekt
Literatur	Risikobereitschaft
Loyalität	Rücksichtnahme
Lust	Ruhe
Luxus	Ruhm
Macht	Sauberkeit
Meinungsfreiheit	Schönheit
Menschlichkeit	Selbstachtung
Mitbestimmung	Selbstbestimmung
Mitgefühl	Selbstdarstellung
Mitleid	Selbstverantwortung
Mobilität	Selbstverwirklichung
Moral	Sexualität
Musik	Sicherheit
Mut	Sinn
Mutterschaft	Solidarität
Natur	Sparsamkeit
Nähe	Spaß
Natürlichkeit	Spiritualität
Neugier	Spontaneität
Objektivität	Sport
Offenheit	Sprache, Muttersprache
Ordnung	Stärke
Partnerschaft	Tapferkeit
Persönlichkeit	Tatkraft
Pflichtbewusstsein	Technik
Philosophie	Teilenkönnen
Pünktlichkeit	Tiere
Recht	Toleranz
Redegewandtheit	Tradition
Reformen	Treue

Überleben	Weisheit
Umweltschutz	Weitblick
Unabhängigkeit	Wiedergutmachung
Unterstützung	Widerstand(srecht)
Vatersein	Wirtschaft
Verantwortung	Wissenschaft
Vergnügen	Wohnung/Heim
Vernunft	Würde
Versöhnungsbereitschaft	Zärtlichkeit
Verständnis	Zeitersparnis
Verteidigung	Zeitlosigkeit
Vertrauen	Zivilcourage
Verzeihenkönnen	Zugehörigkeit
Wahrheit	Zuverlässigkeit
Wechsel	

Gehen Sie zunächst alle Werte durch und streichen Sie alles, wozu Sie keinen Bezug haben. Für die Begriffe, die in Ihnen etwas auslösen, machen Sie einen ganz einfachen „Satzergänzungstest" nach dem Muster:

ABENTEUER ist für mich die Essenz des Lebens.

ACHTUNG ist für mich Respekt vor allen anderen Menschen als Kindern Gottes.

ÄSTHETIK ist für mich die Wahrnehmung der Schönheit durch die Seele.

ALTER ist für mich eine stete Zunahme an Weisheit.

So erhalten Sie ein Aussagen-Set zu Ihren wichtigsten Werten. Diesen „Werte-Katechismus“ können Sie sich auch häufiger durchlesen. Sie spüren mit Sicherheit, dass sich mit dem **Bewusstwerden Ihrer inneren Werte ein Gefühl der FÜLLE und des inneren Reichtums** einstellt.

Schreiben Sie dann zu drei Lebensbereichen Ihre jeweils 5 wichtigsten Werte auf:

Meine fünf wichtigsten Werte **für meine Familie** (das kann auch Ihre Primärfamilie sein):

1.

2.

3.

4.

5.

Meine fünf wichtigsten Werte **für meinen Beruf/Lebensunterhalt:**

1.

2.

3.

4.

5.

Meine fünf wichtigsten Werte **für meine persönliche Entwicklung:**

1.

2.

3.

4.

5.

Jetzt prüfen Sie bitte, was Ihre fünf wichtigsten **Lebenswerte** überhaupt sind:

1.

2.

3.

4.

5.

Drückt sich im Vergleich zu den oberen Antworten eine Harmonie aus (Kongruenz) oder können Sie sich widersprechende Werte erkennen? Welcher Bereich dominiert Ihre Lebenswerte am meisten?

Die Werte der SELBSTVERWIRKLICHUNG

Wie schon angedeutet, haben **sich selbst verwirklichende Menschen ein ganz typisches Muster an Werten.** Das hat nichts mit Konformismus zu tun, da diese Werte nirgendwo in der äußeren Welt hoch eingestuft werden. Es sind offensichtlich innere Werte, die bei sich selbst verwirklichenden Menschen recht ähnlich sind. Der bereits erwähnte Psychologe **Abraham H. Maslow** hat sich dieser Frage besonders gewidmet (vgl. S. 24–26). Vielen ist er mit seiner häufig jedoch missverstandenen „Werte-Pyramide" bekannt. An der Spitze dieser Pyramide stehen die Werte der SELBSTVERWIRKLICHUNG. Genau diese Werte, die SEINS-WERTE, wie er sie nannte, interessieren uns hier ganz besonders.

In seinem bahnbrechenden Buch „Psychologie des Seins" (1968) stellt er den „Katalog der S-Werte" so dar:

1. Ganzheit:
Einheit; Integration; Tendenz zur Einzigkeit; gegenseitige Verbundenheit; Einfachheit; Organisation; Struktur; Transzendenz der Dichotomie; Ordnung.

2. Vollkommenheit:
Notwendigkeit; Gerade-Richtigkeit; Unvermeidlichkeit, Geeignetheit; Gerechtigkeit, Vollständigkeit; „so soll es sein".

3. Vollendung:
Beenden; Endlichkeit; Gerechtigkeit; „es ist fertig"; Erfüllung; finis und telos; Schicksal; Geschick.

4. Gerechtigkeit:
Fairness; Ordentlichkeit; Gesetzlichkeit; „so soll es sein".

5. Lebendigkeit:
Prozess; Nicht-tot-Sein; Spontaneität; Selbstregulierung; volles Funktionieren.

6. Reichhaltigkeit:
Differentiation, Komplexität; Kompliziertheit.

7. Einfachheit:
Ehrlichkeit; Nacktheit; Wesentlichkeit; abstrakte, wesentliche, skelettartige Struktur.

8. Schönheit:
Richtigkeit; Form; Lebendigkeit; Einfachheit; Reichtum; Ganzheit; Vollkommenheit; Vollendung; Einzigartigkeit; Ehrlichkeit.

9. Güte:
Richtigkeit; Wünschbarkeit; „so soll es sein", Gerechtigkeit; Benevolenz; Ehrlichkeit.

10. Einzigartigkeit:
Idiosynkrasie; Individualität; Unvergleichbarkeit; Neuheit.

11. Mühelosigkeit:
Leichtigkeit; Fehlen von Anstrengung, Streben oder Schwierigkeit; Anmut; vollkommenes herrliches Funktionieren.

12. Verspieltheit:
Spaß; Freude; Unterhaltung; Fröhlichkeit; Humor; Überschwänglichkeit; Mühelosigkeit.

13. Wahrheit; Ehrlichkeit; Wirklichkeit:
Nacktheit; Einfachheit; Reichtum; „so soll es sein"; Schönheit; rein, sauber und unverfälscht; Vollständigkeit; Wesentlichkeit.

14. Selbstgenügsamkeit:
Autonomie; Unabhängigkeit; nicht jemand anderen brauchen, um man selbst zu sein; selbstbestimmend;

Transzendenz der Umgebung; Getrenntheit; nach den eigenen Gesetzen leben.

Überprüfen Sie bitte einmal, **wie viel Resonanz diese Werte in Ihnen auslösen.** Wenn diese Werte für Sie WERTVOLL sind, dann sind Sie sicher auf dem besten Weg zu Ihrer BERUFUNG.

Wer bin ich wirklich? Fragen zur Selbsterkenntnis

Beantworten Sie die Fragen so ehrlich wie möglich. Geben Sie sich zunächst innerlich eine spontane Antwort. Dann aber sollte die Antwort mehrmals in sorgfältiger Besinnung überdacht werden, ehe Sie schließlich möglichst kurz und prägnant auf einem besonderen Blatt unter der betreffenden Nummer schriftlich formuliert wird.

1. Was sind meine größten Stärken?
2. Was war bisher meine edelste Tat?
3. Welche Segnungen sind daraus geflossen?
4. Was sind meine größten Schwächen?
5. Was war mein schlimmster Fehler?
6. Was habe ich getan, tue ich, um ihn zu korrigieren?
7. Akzeptiere ich mich selbst?
8. Was ist meine höchste Hoffnung für mich selbst, und was ist mein Lebensziel, meine Lebensaufgabe?

9. Kann ich meine Mitmenschen lieben oder wenigstens achten? Wenn nein, warum nicht?
10. Fällt es mir leicht, anderen zu vergeben oder kann ich nicht vergessen?
11. Habe ich mit den Personen und Ereignissen meines bisherigen Lebens Frieden geschlossen?
12. Bin ich mir gegenüber wirklich ehrlich?
13. Bin ich tatsächlich so, wie ich anderen erscheine?
14. Bin ich anderen gegenüber verantwortlich und zuverlässig?
15. Verhalte ich mich in allen Lebenssituationen realistisch oder neige ich zu Illusionen?
16. Fürchte ich die Welt, habe ich Lebensangst?
17. Fürchte ich irgendwelche Menschen, Tiere, Dinge oder was sonst?
18. Fürchte ich Erfolg, Geld und Macht oder wünsche ich mir möglichst viel davon?
19. Was fürchte ich überhaupt am meisten?
20. Fürchte ich mich vor dem Sterben?
21. Was bedeutet mir der Tod des physischen Körpers?
22. Wenn ich heute sterben müsste, würde mir das schwer fallen oder leicht?
23. An welche Art von Weiterleben glaube ich?
24. Welches Ereignis hat bisher mein Leben am meisten bestimmt oder vielleicht sogar verändert?

25. Welcher Mensch hatte bisher den größten Einfluss auf meine Entwicklung?
26. Wem oder welchen Umständen verdanke ich meinen bisherigen Erfolg?
27. Wenn ich bisher meine Ziele nicht erreicht habe, was sind die eigentlichen Gründe dafür?
28. Kann ich Geld und Zeit richtig einteilen?
29. Habe ich schon alle meine Anlagen und Fähigkeiten entwickelt oder wenigstens damit begonnen?
30. Wenn ich erkannt habe, dass bezüglich meiner Anlagen und Fähigkeiten noch etwas getan werden muss, warum nehme ich dies nicht unverzüglich in Angriff?
31. Bin ich sehr fortschrittlich oder konservativ?
32. Bin ich mehr Praktiker oder Theoretiker?
33. Bin ich am liebsten allein oder brauche ich Gesellschaft?
34. Was ist mein vorherrschendes Talent?
35. Erfreue ich mich bester Gesundheit? Wenn nicht, warum nicht?
36. Wie ernähre ich mich?
37. Brauche ich noch irgendwelche Genussgifte?
38. Was bedeutet für mich überhaupt Lebensgenuss?
39. Habe ich sexuelle Probleme? Wenn ja, warum?
40. Habe ich schon das richtige Verhältnis von Ruhe und Bewegung, Anstrengung und Erholung in meinem Leben herstellen können?

41. Welche Sportarten betreibe ich? Welche künstlerischen Talente habe ich entwickelt?
42. Habe ich noch irgendwelche Vorurteile? Wenn ja, warum?
43. Sind meine mitmenschlichen Beziehungen alle befriedigend und erfreulich?
44. Wenn es noch Ausnahmen gibt, welche und warum?
45. Was halte ich von Politik?
46. Was ist im Moment mein größter Wunsch bzw. mein dringlichstes Bedürfnis?
47. Welchen Lebensbereichen gilt meine größte Aufmerksamkeit?
48. Wie stelle ich mir meinen Lebensabend vor?
49. Für welche sozialen, kulturellen und religiösen Zwecke spende ich Geld oder meine Arbeitskraft?
50. Meditiere ich bereits und was sind meine Meditationserfahrungen?

Was habe ich bisher über mich gelernt? Was weiß ich jetzt über mein wahres SELBST?

Notieren Sie sich bitte unbedingt, wie sich auf diesem Weg Ihre SELBST-Erkenntnis entfaltet. Sie können schreiben: „Ich habe mein lautes Lachen wiederentdeckt!"

Sie können es aber auch so aufschreiben, als ob Ihr SELBST Ihr Geliebter, Ihre Geliebte wäre.

- „Mein geliebtes Selbst hat eine kindliche Freude an lautem Lachen."
- „Mein geliebtes Selbst mag es, wenn ich barfuß über die Wiese laufe."
- „Mein geliebtes Selbst ist entzückt, wenn ich Meditationsmusik höre."
- „Mein geliebtes Selbst ist glücklich, wenn ich mir Zeit für mich nehme und mich verwöhne."
- „Mein geliebtes Selbst hüpft vor Freude, wenn ich großzügig bin und andere Menschen beschenke."

Aber bitte, es ist Ihre Wahl. Vielleicht SPIELEN Sie es einmal durch! Schreiben Sie erst ein nüchternes Selbsterkenntnis-Tagebuch im Telegrammstil eines Nachrichtensprechers. Und dann spielen Sie einfach einmal, wie Sie einen Liebesbrief an sich selbst schreiben. Nur mal so aus Entdeckerfreude.

Sie werden doch den Unterschied merken! Was baut Sie mehr auf? Wobei wird Ihnen richtig warm ums Herz? Also, die letzte Aufgabe in dieser Spielrunde: einen Liebesbrief an sich SELBST.

Teil 2

Durch Berufung zum wahren Erfolg

Um die Kategorie der „Erfolgsbücher" ist es auffällig ruhig geworden. Auch „Motivations-Tage" als Massenveranstaltungen motivieren nicht mehr. Wahrscheinlich haben Sie auch das eine oder andere Erfolgsbuch gelesen, die eine oder andere Motivationsveranstaltung selbst besucht. **Denn wer auf dem Weg zur echten Berufung ist, hat dieses Jagen nach dem oberflächlichen Erfolg längst hinter sich.** Es war eine wichtige Lektion im Spiel des Lebens und jetzt folgt die nächste Spielrunde. Jetzt geht es nicht um äußere Werte, sondern um innere. Denn das Äußere zeigt bzw. spiegelt nur die Qualität unserer inneren Werte.

Mit oberflächlichem Erfolg meine ich: Diese rein äußerlichen Erfolgsziele, diese EGO-Ziele, sind am Ende doch eine recht dünne Suppe, wenn sie denn überhaupt funktionieren. Häufig zahlt man für funktionierende Ego-Ziele dann einen unerträglich hohen Preis: die Gesundheit ist ruiniert, der Lebenspartner davongelaufen, die Kinder schauen einen nicht mehr an, Freunde sind rar geworden – und trotzdem, Hauptsache, man kann etwas vorweisen: „mein Auto, mein Haus, mein Boot". Ich frage Sie: Was macht es für einen Sinn, mit vierzig alles zu haben – und zum krönenden Abschluss gibt's auch noch einen Herzinfarkt dazu? Da ist das Lebensspiel sicher gründlich missverstanden worden. Da sind aus den „Siegern" plötzlich große „Verlierer" geworden.

Was bleibt vom Erfolg übrig?! Im Grunde haben wir die Lösung schon angedeutet: Ziele, die sich das Ego allein steckt, funktionieren auf Dauer nicht. Der scheinbar noch so grandiose Erfolg erweist sich am Ende als Illusion, als Niederlage, als Verlust. Wahre

Ziele, wahrer Erfolg, kommen nicht aus dem Ego und dem Kopf, sondern aus dem SELBST und dem Herzen. Deshalb ist die wichtigste Erfolgsfrage, die Sie sich stellen müssen:

Wen wollen Sie zufrieden stellen, Ihr EGO oder Ihr SELBST?

Die Wirklichkeit ist, Sie besitzen ein **Stipendium in der Schule des Lebens.** Das, was Sie gerade tun, ist Lebensschule. Sie leben zwar noch nicht Ihre Berufung, aber alles, was Sie erleben, ist eine Lektion für Ihre Berufung. Alles, was Sie für Ihre Berufung brauchen, lernen Sie gerade. Sie sind bereits auf dem besten Weg.

Der Arbeitsplatz ist gedacht als Ort der Freude und Selbstverwirklichung, und Sie werden auch noch dafür bezahlt, dass Sie das tun, was Ihnen ohnehin am meisten Freude macht. Dann wird der Beruf zur Berufung und zum Weg zu einem erfüllten Leben.

Natürlich setze ich mich unter diesen Bedingungen auch nie zur Ruhe, denn warum sollte ich mit der Freude aufhören, wenn ich ein bestimmtes Alter erreicht habe? Aber wer an seinem beruflichen Weg etwas ändern will, der muss SICH ändern. Deshalb wäre es gut, wenn Sie gleich jetzt damit beginnen.

Für die meisten Menschen ist Beruf etwas, wovon sie leben. Der Beruf sollte etwas sein, wofür man lebt, nicht wovon man lebt. **In den Worten Beruf und Berufung ist das Wort Ruf enthalten. Irgendwann muss ich mich entscheiden, ob ich bereit bin, diesem Ruf zu folgen.**

Doch dabei sollte ich mir bewusst machen, **als WER** ich diesem Ruf folgen will: als EGO, das eine Berufskarriere anstrebt, oder als SELBST, dem es vor allem um die Erfüllung der Lebensaufgabe geht. Ich muss mich hier entscheiden, ob ich mein EGO glücklich machen will oder mich SELBST.

Wahrscheinlich ist das die wichtigste Frage, vor der Sie im Augenblick stehen. Der Konflikt zwischen Ihrem wahren Selbst und Ihrem falschen Selbst (dem außenorientierten, schwachen Rest-Ich) ist **das Drama Ihres Lebens.** Alle Probleme, die Sie haben, alle Krankheiten, alle Misserfolge sind Ausdruck dieses Konflikts zwischen Ihrem EGO und Ihrem WAHREN SELBST. **Der Weg vom Beruf zur Berufung ist der Weg vom EGO zum SELBST.**

Will ich mein EGO glücklich machen, dann suche ich: kurze Arbeitszeit, möglichst wenig Anstrengung, Auszeichnung, Beförderung, viel Urlaub und natürlich viel Geld und eine hohe Rente. Ich wünsche mir hohes Ansehen und Anerkennung, Überlegenheit, will geliebt werden. Ich bin bereit, dafür Kompromisse einzugehen, mich nach den Gegebenheiten zu richten.

Will ich mich dagegen SELBST glücklich machen, dann gibt es keine Kompromisse, dann muss alles stimmen. Anstrengung und Ansehen sind unwichtig; worauf es ankommt ist, im Einklang mit mir selbst und der Schöpfung zu leben und darin Erfüllung zu finden. Habe ich mich dafür entschieden, dann freue ich mich jeden Morgen auf die Arbeit. Mein Arbeitsplatz ist dann der Ort der Selbstverwirklichung, auf den ich mich jeden Tag aufs Neue freue. Natürlich gestatte ich dem Leben, mich dafür gut zu bezahlen, dass ich das tue, was mir ohnehin am meisten Freude macht.

Und weil diese Art der Berufung so viel Freude macht, bin ich auch sehr erfolgreich und finde Erfüllung in meinem Tun. Ich erlebe täglich die Schönheit des Handelns, während ich bei allem gelassen in meiner Mitte ruhe.

Innere Erfüllung (Glück) braucht **äußeren Erfolg** (finanzielle Unabhängigkeit, berufliche Selbstständigkeit und Ähnliches). So ist es gedacht. Beides in einer guten Balance macht **den wirklichen Wohlstand aus, sichert eine hohe Lebensqualität.**

Prüfen Sie jetzt nicht, ob Sie meiner Ansicht sind, sondern ob es **für Sie persönlich** stimmig ist. Was bedeutet für SIE „Erfüllung" und was „Erfolg", was „Wohlstand" und was „Lebensqualität". Sie haben in diesem Buch schon so großartig mitgearbeitet (sonst wären Sie gar nicht bis zum Lesen dieser Zeilen gekommen), dass Sie jetzt auch diese vier Begriffe für sich schriftlich definieren sollten.

Wir alle haben unser Schicksal, tragen es mehr oder weniger geduldig, aber kaum jemand fragt sich einmal, warum er unter DIESEN Umständen lebt, was sie verursacht und ob und wie man sie eventuell ändern könnte. Wir aber glauben meist, dass ein Ereignis eher „zufällig" an uns herantritt, und gestatten uns daher erst dann die Möglichkeit des Eingreifens. Die Ereignisse werden so von uns selbst getrennt („passieren einfach", fallen sozusagen vom Himmel), obwohl sie nicht von uns zu trennen sind. Wir haben längst etwas damit zu tun. Ein Unglück oder Ereignis geschieht scheinbar völlig unpersönlich: Entlassung, Arbeitslosigkeit, Trennung vom Partner, was auch immer.

Plötzlich sind wir mit solchen Ereignissen konfrontiert und nennen diese dann ganz unschuldig: „Schicksalsschlag". Doch weder das Schicksal noch das Leben schlägt um sich. Wir bekommen nur plötzlich die Rechnung präsentiert.

Wenn wir ganz ehrlich sind, sind auch die vielen, in letzter Zeit zunehmenden Naturkatastrophen die Rechnung für jahrzehntelange Versündigungen der Menschheit an der Natur. Wenn zum Beispiel die Wälder, die Regulatoren unseres Klimas, in unerträglichem Maße abgeholzt werden, dann darf man sich wirklich nicht wundern, dass das weltweite Klima immer größere Kapriolen macht. **Das ist keineswegs Schicksal, sondern die Konsequenz, die wir als Menschheit jetzt tragen müssen.**

Ob ich in diesem globalen Ausmaß oder in meinem persönlichen Leben davon aber erreicht und betroffen werde, das entscheide ich selbst durch mein Verhalten. Nehme ich wahr, was da passiert, oder schließe ich die Augen und hoffe, dass das Schicksal an mir vorüberziehen möge. Und wenn mir dann die Rechnung für meine Ignoranz vorgelegt wird, nenne ich es „Schlag".

Wenn ich dann erst ändernd eingreife, wenn das geschehen ist, dann ist es eigentlich zu spät – und doch tun die meisten Menschen genau das.

Ereignisse sind keine Schicksalsfügungen, die einfach passieren und die wir nun einmal hinnehmen müssen, sondern es sind manifestierte Bewusstseinsinhalte. Also sollten Sie zu Bewusstsein kommen, zur Identifikation mit Ihrem wahren, authentischen SELBST! Das setzt auch voraus, dass Sie die Identifikation mit Ihrem falschen Selbst beenden. Jetzt sofort!

Lebe ich aus meinem falschen Selbst, dann muss ich mir alles erarbeiten. Ich stelle mich dem harten Wettbewerb, verdiene mir mein Geld und versuche, den Erfolg zu erringen. Und wenn ich Glück habe, trage ich den Sieg davon.

Lebe ich aber aus meinem wahren Selbst, ist Fülle ein unverlierbarer Teil meines wahren Wesens, mein geistiges Erbe, das ich jederzeit antreten kann, also auch JETZT. Dann lasse ich Fülle geschehen, ich gestatte dem Leben, mir alles zu geben, was ich gerade brauche – auch im Schlaf.

Der erste Schritt in ein neues und erfolgreiches Leben ist ganz einfach. Sie müssen nur lernen, den Fluss Ihrer Gedanken aufmerksam zu beobachten und nach Ihren Vorstellungen zu lenken. Denn Sie bekommen nicht das, was Sie haben wollen und sich vielleicht dringend wünschen. Auch Ihr sehnsüchtiges Hoffen hat keine Wirkung. Selbst wenn Sie täglich zehn oder zwölf Stunden arbeiten, wird Sie das nicht wirklich weiterbringen – außer Sie verändern Ihr Bewusstsein und damit Ihre Gedanken! Damit unsere Gedanken sich nicht gegenseitig behindern, müssen wir eine klare Linie des Denkens finden und beständig verfolgen.

Bevor wir anfangen, müssen Sie sich entscheiden. Wollen Sie Ihrem falschen oder Ihrem wahren SELBST dienen? Sicher, das ist FÜR SIE sicher keine Frage mehr. Und damit ist auch schon alles entschieden! Bleiben Sie ein außenorientiertes Ich, eine Ego-Persönlichkeit, ein angepasster, fremdbestimmter Mensch, dann bleibt Ihnen keine Wahl: Sie müssen arbeiten, wenn Sie etwas schaffen wollen! Der wahre Lebenskünstler, der das Lebensspiel wirklich genießen kann, ist zu sich SELBST erwacht, zum SELBST-Bewusstsein gekommen und damit zurückgekehrt in die Leichtigkeit des Seins.

In diesem zweiten Teil des Buches räumen wir „den Kopf frei" für den wahren Erfolg, für den Erfolg, der aus dem SELBST gesteuert wird. Dazu müssen wir erst einige Knoten im Kopf lösen. Im nächsten, dritten Teil lassen wir den Erfolg dann durch unser SEIN einfach geschehen! Vielleicht darf ich Sie jetzt schon mit einem Geheimnis „motivieren": **Ohne HANDELN gibt es keinen Erfolg, aber wahrer Erfolg ist NICHT MACHBAR.** Irritierend?! Wenn ich mich kristallklar auszudrücken verstehe, wird Ihnen das am Ende des Buches sonnenklar sein. Also, vorwärts zu neuen Bewusstseinshöhen! Folgen Sie mir! **Folgen** bringt jetzt **Erfolg.**

Auch dieser Teil 2 besteht wieder aus drei Spielrunden:

- Erfolgs-Bewusstsein entfalten
- ein neues SELBST-Bild schaffen
- transzendentale Erfolgs-Techniken anwenden

1. Das alles bestimmende Erfolgs-Bewusstsein

Werden Sie CHEF/CHEFIN in Ihrem Unternehmen!

Haben Sie sich schon einmal gefragt, wer Ihr Chef ist? Sagen Sie jetzt nicht, dass Sie keinen Chef haben, da Sie ja selbstständig sind. **Jeder hat einen Chef, selbst wenn Sie nichts tun, haben Sie einen Chef, nämlich Ihre Bequemlichkeit.** Für andere ist ihr Ehrgeiz der Chef oder einfach nur die Gewohnheit.

Spüren Sie einmal diesen inneren Chef auf und prüfen Sie, ob Sie ihn weiter als Chef annehmen wollen. Machen Sie sich bewusst: Alle Dinge sind würdig, mir zu dienen, aber keines ist es wert, mich zu beherrschen. So kommen Sie allmählich zu der Erkenntnis, nie mehr zu MÜSSEN. Indem Sie alles loslassen, was Sie bisher hemmte, wird eine ungeheure Energie frei, die von anderen als Ausstrahlung (Charisma!) bemerkt wird. Je mehr ihr Inneres bestimmt, desto mehr ziehen Sie nach dem Gesetz der Resonanz Dinge an, die ebenfalls stimmen, die jetzt zu Ihnen gehören. **Sie brauchen so nicht mehr zu suchen, Sie werden gefunden.** Das Ergebnis ist eine unerschütterliche Gelassenheit. Diese hat nichts mit Lässigkeit oder gar Nachlässigkeit zu tun, sondern sie ist das Ergebnis der Ausgeglichenheit Ihres Bewusstseins.

Bei vielen, ich möchte fast sagen: bei den meisten Menschen ist das Unterbewusstsein der Chef ihres Lebens. Irgendwelche unterbewussten Programme steuern ihr Leben: Das geht so weit, dass sie sich ständig selbst ein Bein stellen, im wortwörtlichen wie übertragenen Sinne. Sie sind von ihrem Unterbewusstsein abhängig wie Marionetten vom Spieler, der alle Fäden in der Hand hält. Sie leben nicht nach eigener Regie, sondern nach dem Drehbuch anderer.

Um der Chef oder die Chefin im eigenen Haus zu werden, gilt es, das eigene Denken und Bewusstsein auch selbst zu bestimmen. Aber wie macht man das?

Zu allen Maschinen und Instrumenten werden **Gebrauchsanweisungen und Bedienungsanleitungen** mitgeliefert, die vor der Inbetriebnahme gründlich studiert werden sollten, um Bedienungsfehler zu vermeiden. Nur für das komplexeste Instrument, das wir kennen, das menschliche Gehirn und das menschliche Denken, gibt es keine solche Bedienungsanleitung. Und so denken die Menschen, dass man eben mit dem zufrieden sein müsse, was man erreicht hat – ganz gleich, wie zufrieden stellend das sein mag. **Wir sind jedoch aufgerufen, unsere Fähigkeiten nicht nur zu nutzen, sondern auch weiterzuentwickeln.** Nur so kann jeder wahren Wohlstand erreichen, nur so kann er bewirken, dass alles in seinem Leben wohl steht. Schön, dass immer mehr Menschen heute bereit sind für das Wesentliche im Leben.

Ich kann Ihnen zeigen, dass Sie alle über ein fantastisches Vermögen verfügen, das zum größten Teil gar nicht genutzt wird, ja, die meisten wissen nicht einmal, dass sie es besitzen. Ich meine **die fast unbegrenzten Möglichkeiten des bewussten schöpferischen Denkens.**

Sie können lernen, wie Sie einen Teil dieses Vermögens nutzen und damit Ihr Schicksal und Ihre Zukunft selbst bestimmen können. Nur so kann man den wahren Wohlstand erreichen und darin leben. Im wahren Wohlstand leben kann aber nur jemand, der wirklich vermögend ist. **Vermögend ist jedoch nur der, der etwas vermag. Und wer viel vermag, der ist sehr vermögend!**

Die Quelle des nachhaltigen, niemand verletzenden oder ausbeutenden Erfolgs ist das innere Potenzial. Wer nicht in der Lage ist, **sein inneres Potenzial als die EIGENE RESSOURCE „auszubeuten"**, der beutet fremde Ressourcen aus: die Erde, die Natur, Tiere, andere Völker und Menschen, Schwächere und Hilfsbedürftige.

Jeder hat das Recht, ja die Pflicht zur Nutzung seiner inneren Ressourcen und Potenziale. Darum ist es wichtig, inneres Potenzial zu entwickeln, um es im Außen als Wohlstand in Erscheinung treten zu lassen. Es ist wie in der Wüste, in der seit Millionen von Jahren ein Schatz verborgen lag: das Erdöl. Die Menschen wussten nichts davon und blieben arm. Erst als sie diesen Schatz entdeckten und zu fördern begannen, indem sie in die Tiefe gingen, wurde der innere Reichtum auch im Außen sichtbar. Unterschätzen Sie daher nicht Ihre Fähigkeiten, Ihr inneres Vermögen. **Beuten Sie es aus, bevor andere SIE ausbeuten!**

Grundregeln des wahren Erfolgs

Erfolg gehorcht ganz einfachen Regeln, sobald ich sie kenne und befolge, ist der Erfolg nicht mehr aufzuhalten! Erfolg fällt also nicht vom Himmel, ist auch kein Zufall, ist nicht nur ganz besonderen Menschen vorbehalten, sondern kann man lernen, wie man eine Fremdsprache lernt. Er kostet nicht mehr Mühe als erfolglos zu sein, macht aber viel mehr Spaß!

Wir Menschen sind von Natur aus erfolgreich. Erfolg zu haben ist ein Teil unseres Wesens. Denn die größte Erfolgsstory ist die Evolution, ist die Schöpfung – und wir sind ein Teil davon. **In den langen Jahren der Erziehung und Ausbildung werden wir von unserem SELBST entfremdet und damit auch von unserem natürlichen Erfolg.** Wir lernen Ja zu sagen, obwohl wir lieber Nein sagen würden. Statt erfolgreich unseren eigenen Weg zu gehen, passen wir uns an die Erwartungen anderer an und werden zum Jasager, der nur noch gehorchen kann, statt auf sich selbst zu hören.

Die vielleicht verblüffendste Erfolgs-Regel lautet: Sie haben immer zu 100 Prozent Erfolg. Jede Handlung, jeder Gedanke und jedes Gefühl ist eine Ursache und bringt immer eine Wirkung hervor – ganz gleich, ob diese Wirkung erwünscht oder unerwünscht ist. **Jede Wirkung entspricht immer in Qualität und Quantität der Ursache.** Was kann damit gemeint sein?

Was immer Sie tun, es wird etwas folgen. Das ganze Geheimnis besteht darin, diese Folge auch als Er-folg zu erkennen. Denn niemand anderes als Sie selbst hat diese Folge verursacht. Wenn Sie erkennen, dass Sie **der Urheber der Folge** sind, erkennen Sie darin schon Ihren Erfolg.

Gut, in der Regel ist das, was da folgt, nicht das, was Sie erwartet hatten und als Erfolg bezeichnen würden. Aber es ist nichts anderes erfolgt, als was Sie verursacht haben. Und weil nichts anderes erfolgt ist, ist das doch ein Erfolg! **Jetzt gilt es nur noch, dass Sie lernen, genau DIE Ursache zu setzen, die Ihrer Absicht entspricht.**

Dieses gleiche Geheimnis aus einer anderen Perspektive betrachtet heißt: Sobald Sie die Verantwortung (als Verursacher) für Ihren scheinbaren Misserfolg übernehmen, haben Sie die ganze **Macht,** dies dann endgültig zum Erfolg zu verändern. Ist das **Goldstück** immer noch nicht gefallen? (Ich denke, dieses erste Erfolgsgesetz ist mehr als einen „Groschen" wert.) Sehen Sie, so verquer ist unser oft erfolgs-verhindernder Alltagsverstand, dass diese Regel (Sie sind immer zu 100 Prozent erfolgreich!) gar nicht so einfach nachzuvollziehen ist. Wenn der Quantensprung zur neuen Einsicht noch nicht vollzogen ist, möchte ich Ihnen ein einfaches Beispiel geben:

Ein Bauer will Weizen ernten. Doch er vergreift sich am Saatgut und sät Roggen statt Weizen. Als er die reichliche Ernte einfahren kann, stellt er entsetzt fest, dass auf dem Feld Roggen steht statt Weizen. Die Frage ist also: Ist unser Bauer erfolgreich oder nicht? Sagen Sie, was meinen SIE?

Der Punkt ist ja nicht, dass der Bauer zwar Weizen gesät hat, der Boden aber aus **Bösartigkeit** Roggen hervorgebracht hat. Der Boden hat brav genau das hervorgebracht, was der Bauer gesät hat. Die Ernte ist auch sehr reichhaltig ausgefallen. Wenn er hätte Roggen säen wollen, wäre die Ernte ein voller Erfolg gewesen. Er hätte von einem „Erntesegen" gesprochen und ihn tage-, was sage ich, wochenlang gefeiert. Jetzt aber diese Enttäuschung, dieser „Schicksalsschlag"!

Der Landwirt hat im Grunde alles richtig gemacht, nur am Anfang versehentlich und unbewusst zum falschen Saatgut gegriffen. **Doch im Verhältnis zu dem, was der Bauer tatsächlich GETAN hat (und damit TATSACHEN verursacht hat), ist die Ernte ein voller Erfolg.**

Der scheinbare Misserfolg besteht nur im Verhältnis zu seinem **Wunsch,** Weizen ernten zu wollen, nicht aber zu seinem **Handeln,** Roggen gesät zu haben. Der Boden (und wir können verallgemeinernd schon sagen: das Leben) richtet sich eben nicht nach dem, was der Bauer **beabsichtigt** zu säen, sondern nach dem, was er **tut,** was er in Wirklichkeit sät. **Jetzt muss unser Bauer nur noch lernen, präzise auch das zu säen, was er ernten will, also Absicht und Tun in Einklang zu bringen.**

Jetzt ist das „Goldstück" aber gefallen, oder? Es ist wirklich eine „goldene Regel", die auch Sie zu Gold machen können, wenn Sie unsere erste Erfolgsregel konsequent beachten und umsetzen.

Also: **Was unser Handeln angeht, haben wir also immer zu 100 Prozent Erfolg.** Meistens säen wir aber etwas anderes, als wir ernten wollen. Wir wollen Weizen ernten, säen aber Kraut und Rüben. Doch indem wir unsere Ernte genau anschauen, lernen wir, was wir tatsächlich, in Wirklichkeit gesät haben und können es in Zukunft anders machen, d. h. bewusst anderes Saatgut wählen.

Damit haben wir eine gute Überleitung zur zweiten Erfolgs-Regel: Wir säen und ernten. Sie können so viel Erfolg verursachen, wie Sie wollen, und Sie können in jedem Augenblick damit beginnen, denn Sie haben in jedem Augenblick aufs Neue die Wahl. Wenn wir die erste Erfolgs-Regel einmal richtig verstanden haben, dann können wir ernten, was wir wollen (wir haben die Wahl), und unsere Ernte kann so groß ausfallen, wie wir wollen (wir haben die Wahl).

Wenn der Bauer also einmal verstanden hat, dass er nicht ernten kann, was er gerne möchte oder dringend braucht, sondern **nur, was er gesät hat,** dann kann er seine ganze Aufmerksamkeit auf das **richtige** Saatgut und seine **kontinuierlich wachsende** Ernte richten. **Jede Ernte besteht ja wieder aus neuem Saatgut.** Der Bauer braucht auch nur darauf zu achten, dass er nicht seine ganze Ernte „konsumiert", sondern dass er von jeder Ernte doppelt so viel Saatgut behält, wie er für die letzte Ernte ausgesät hatte, dann wächst sein Reichtum ins „Unermessliche".

Gut, das ist jetzt nur ein lockerer Spruch, der sehr leicht zum Größenwahn ausarten kann. In Wahrheit ist **natürlich** JEDES Wachstum begrenzt, denn Wachstum kann zwar auch „Grenzen sprengen", dann aber nur, um sich im Rahmen neuer, erweiterter Grenzen zu entfalten. Wenn dem Bauer die Grenzen der eigenen Felder zu klein sind, dann kauft er sich neue dazu. Doch mit den neuen Feldern ist schon seine nächste Wachstumsgrenze absehbar. (Aber vielleicht reicht es ihm dann ja auch, denn irgendwann ist seine **natürliche und gesunde „Sättigungsgrenze“** erreicht, wenn er nicht GIERIG wird.)

Ich will hier durchaus auf etwas Bestimmtes hinaus. Die Regel, Sie können so viel Erfolg verursachen, wie Sie WOLLEN, sollten Sie nicht überstrapazieren und in angemessenem Rahmen verstehen. Der Spruch „Alles ist möglich!“ ist recht cool, hat aber wahrscheinlich schon viel Leid verursacht. Wer unter der Parole glaubte, Gott spielen zu können, der ist wahrscheinlich bei dem Versuch, durch eine Wand zu gehen, mit dem Kopf davor gestoßen und hat sich ganz schön weh getan. (Dies ist für Gott eine der leichtesten Übungen, für einen Größenwahnsinnigen aber schon ein erstes, ernstes und nicht zu durchschreitendes Hindernis.)

Verstehen Sie mich um Himmels Willen richtig! Wir können das Paradies auf Erden schaffen – jeder einzelne und wir als Menschheit gemeinsam. Aber selbst DAS ist noch lange nicht ALLES. „Alles ist uns möglich – in bestimmten Grenzen.“ Das ist für mich in Ordnung. Aber das „grenzenlose Wachstum“ folgt der Logik der GIER und des Krebsgeschwürs, das am Ende nicht nur den Wirt, sondern auch sich selbst vernichtet.

POSITIV formuliert: **Sie können das erreichen, was D-R-I-N ist, also gemäß Ihrem Potenzial. Doch mehr nicht. Das ist Ihre Grenze.** Wie weise da doch wieder die Sprache ist! Wenn wir sagen: „Das ist nicht drin“, dann meinen wir: Das ist nicht möglich, das ist nicht machbar. Ja, weil es nicht IN einem ist!

Aber das DRINNEN ist natürlich weit mehr, als Sie sich in den kühnsten Träumen vorstellen können! Vielleicht haben Sie 5 Prozent oder 10 Prozent Ihres Potenzials erst gelebt. Vielleicht brauchen Sie noch „mehrere Leben“, um Ihr Potenzial richtig „ausleben“ zu können. Also: **Statt coole Sprüche zu klopfen – RAUS mit Ihrem Potenzial. Sie können alles erreichen, was DRIN ist, was Ihr wahrer WILLE ist,** und brauchen keine Omnipotenzfantasien als „Ersatzbefriedigung“.

War das jetzt etwas zu philosophisch? Ich bereite Sie nur schon ganz vorsichtig auf die kommende Erleuchtung vor, dass Erfolg letztlich **nicht machbar** ist. Aber gut, lassen wir das erst einmal so stehen!

Unsere dritte Erfolgs-Regel lautet: Erfolg bedeutet sehr viel mehr als Besitz, Geld, Macht, Überlegenheit, Sich-Durchsetzen und Sieg. Erfolg bedeutet in Wirklichkeit, dass ALLES Tun erfolgreich ist. Denn Erfolg macht wenig Sinn, wenn er nicht zur Erhöhung unserer ganzen Lebensqualität beiträgt. Viele Erfolgreiche sind so erfolgreich, dass Sie Ihr Leben gar nicht mehr wirklich genießen können.

Zum wirklichen Erfolg gehören daher auch Gesundheit, Freude und Glück. Vor allem aber Erfüllung. **Erfolg ohne Erfüllung ist kein wahrer, nachhaltiger Erfolg.** Deshalb ist das Wichtigste, was Sie jetzt tun können, sich zu entscheiden, dass Sie einer der wenigen sind, die zu dem kleinen Prozentsatz WIRKLICH erfolgreicher Menschen gehören. Haben Sie sich entschieden? Ich meine, haben Sie sich wirklich entschieden?

Die meisten Menschen sind zu sehr damit beschäftigt, ihren Lebensunterhalt zu beschaffen, um noch Zeit zu haben, wirklich Geld zu verdienen. Und viele sorgen so intensiv für ihren Lebensabend, dass sie ihn oft gar nicht mehr erleben.

Die vierte Erfolgs-Regel lautet: Trifft die Ursache auf ein Hindernis, kann sie sich nur auswirken, wenn ihr Energiepotenzial größer ist als das des Hindernisses oder wenn das Hindernis beseitigt wird. **Das Energiepotenzial jeder Ursache kann durch Intensität oder durch Wiederholung so lange gesteigert werden, bis es das Hindernis überwindet.** Durch Beharrlichkeit ist jedes Hindernis zu überwinden („steter Tropfen höhlt den Stein“) und jede Handlung zum Erfolg zu führen.

> Dem Menschen wäre nichts unmöglich, hätte er die Beharrlichkeit. (Chinesisches Sprichwort)

Gerade an diesem Gesetz scheitern sehr viele Menschen. Beim kleinsten Widerstand geben sie auf. Sie versuchen etwas anderes. Ihr ganzes Leben ist eine einzige Versuchsstrecke. Kein Plan wird wirklich zu Ende geführt, ständig wird neuen Götzen nachgejagt. Erfolgreiche zeichnen sich nicht dadurch aus, dass Sie keine Misserfolge hätten, sondern dass sie beharrlich an ihren Zielen festhalten. Misserfolge sind dann nur das Sprungbrett (Zwischenergebnis) zum endgültigen Erfolg.

Die fünfte Erfolgs-Regel lautet: Harte Arbeit führt selten zum Erfolg, angewandte Intelligenz immer!

Wir haben heute immer noch eine ganz seltsame Erfolgs-Ethik. Wir glauben, Erfolg sei abhängig von harter Arbeit. Das Gegenteil ist aber meist der Fall. Durch harte Arbeit verrennen wir uns eher, vergeuden unsere Energie und verlieren den Überblick. Viele leben nach der Parole: „Nachdem wir das Ziel aus den Augen verloren hatten, verdoppelten wie unsere Anstrengungen."

Wahrer Erfolg entsteht immer mühelos. Wir surfen im Leben wie auf einer idealen Welle. Wenn sich keine wirkliche Freude einstellen will, machen wir mit Sicherheit etwas falsch. Sicher, es gehört auch Übung und Training dazu. Das Spiel eines Meisters, einer Meisterin ist zwar leicht und mühelos, doch „Übung macht den Meister". **Aber bei einem kommenden Meister macht auch das Üben Freude und Spaß, zeigen sich Disziplin und Konsequenz als Vergnügen. DAS macht den Unterschied.**

Die sechste Erfolgs-Regel lautet: Siegen heißt verlieren.

Wahrer Erfolg macht andere nicht zum Verlierer. Wir gewinnen nicht auf Kosten anderer. Unser Gewinn besteht nicht darin, dass wir anderen etwas wegnehmen. Denn wer auf diese Art und Weise siegt, verliert andererseits sofort – und wenn er so zunächst einmal nur **das Vertrauen** anderer Menschen verliert. Dieser Verlust ist der Anfang eines Zusammenbruchs.

Erfolgreiche Menschen sind Gewinner, aber keine Sieger. Sie gewinnen an Erfahrung, gewinnen an Ausdauer, gewinnen an Bewusstsein, gewinnen an Freude und Glück und machen auch andere Menschen zu Gewinnern.

Die siebte Erfolgs-Regel lautet: Sie schaffen **die Realität** des Erfolgs, das „Manifestieren" durch ein stimmiges Konzert aus Fantasie, Mut, Begeisterung, Imagination und Glauben. Hier melden sich Herz und Gefühl zu Wort!

„Erfolg beginnt im Kopf", sagt man. Mag sein. Aber ohne Herz geht gar nichts. Wenn das Herz mit seiner Leidenschaft, seinen Visionen, seinem Mut nicht bei der Sache ist, können Sie den Rest vergessen. Fangen Sie dann besser erst gar nicht an. Ergründen Sie lieber, wo Ihr Herz geblieben ist. Das erspart Ihnen viele Umwege, Leiden und Enttäuschungen und wahrscheinlich auch einen Herzinfarkt.

Die achte Erfolgs-Regel lautet: Die Regeln des Erfolgs existieren unabhängig davon, ob wir ihnen zustimmen oder sie ablehnen. Wahrer Erfolg stellt sich dann ein, wenn Sie in bewusster Übereinstimmung mit den Erfolgs-Regeln – erhabener noch: den geistigen Gesetzen – leben.

Und wenn Sie ganz sensibel, Ihre Sinne hellwach sind, dann erahnen Sie in dieser Regel schon unser Überraschungsei: Erfolg ist nicht machbar. Aber kommen wir zur letzten Regel (auch hier müssen wir einmal eine Grenze setzen):

Das neunte und wichtigste Erfolgs-Gesetz lautet: Wichtigste Voraussetzung für Ihren Erfolg ist die Art und der Grad Ihres Bewusstseins.

Ob Sie Erfolg anziehen oder abstoßen, ob Sie falschen Erfolg oder wahren Erfolg verursachen, ob Sie Gewinner oder Verlierer sind, ob Kopfmensch oder Herzmensch, ist eine Frage der Art und des Grades Ihres Bewusstseins. Daran arbeiten wir gerade! Und da kommt uns doch die nächste Spielaufgabe geradezu gelegen:

Wie man das Gefühl des Versagens überwindet

Ich achte auf die Weisheit der Sprache und versuche immer den essentiellen Informationsgehalt eines Wortes zu ergründen. **Denn oft verrät uns das Wort selbst, wie es verstanden werden will.** Häufig sind wir uns der wahren Bedeutung eines Wortes gar nicht bewusst.

Nehmen wir zum Beispiel das Wort „Individuum". Geschichtlich gesehen, leben wir gerade in der Epoche des „Individuums", hat der Mensch doch als Persönlichkeit einen Wert bekommen. Vor noch gar nicht langer Zeit hatte der Einzelne keinen Wert, sondern war immer nur denkbar als Teil eines Familienclans. Denken wir an die asiatischen Völker, bei denen die Gruppe immer noch alles, der Einzelne nichts gilt.

Für unsere Alltagssprache ist Individuum der Inbegriff des „autonomen", „abgetrennten", „abgeschotteten", „isolierten" Ich. Doch „In-dividuum" heißt wortwörtlich: **das Un-Teilbare.** Vermutlich verstehen wir das WESEN dessen, was ein Individuum ausmacht, erst dann, wenn wir es als etwas „Untrennbares, Unteilbares" verstehen können.
Hat dieser kleine „Exkurs in die Weisheit der Sprache" Sie etwas gelangweilt? Doch wie Sie gleich erkennen werden, sind wir weiter nach wie vor im Thema.

„Versagen" ist ebenso ein wundervolles und weises wie meistens missverstandenes Wort. Unsere Alltagssprache assoziiert damit sehr viel Negatives. Ein Versager ist so etwas wie ein Luftikus, Nichtsnutz, Opfer, Parasit, was auch immer.
Ein Versager ist aber – wenn wir die Botschaft des Wortes wirklich wahrnehmen – **nur einer, der sich etwas versagt!** Und was versagt er sich? Was glauben SIE, versagt sich ein Versager? Ich gebe Ihnen die Antwort: Er versagt sich die Fülle des Lebens. Er entsagt dem Leben und seinen unendlichen Möglichkeiten. **Er trennt sich von der Fülle des Lebens, ist kein UNTRENNBARER Teil der Fülle, sondern hat sich von ihr „abgeschottet".**

Hat es bei Ihnen schon geklingelt? Ein Mensch ist erst dann ein wirkliches Individuum (im wahrsten Sinne des Wortes), wenn er sich nicht von der Fülle des Lebens abtrennt. Statt sich die Fülle des Lebens zu versagen, sollten wir JA sagen zum Überfluss des Lebens, uns als untrennbarer TEIL der Fülle sehen.

Überfluss ist ein natürliches Gesetz des Universums. Wohin Sie auch schauen, ist die Natur geradezu verschwenderisch großzügig. Denken Sie z. B., was aus einem einzigen Weizenkorn als Same werden kann. Die Ähre trägt schon nach einem halben Jahr das Dutzendfache! **Was für eine Fülle aus einem einzigen Samenkorn!**

Und doch ist es ebenso offensichtlich, dass es vielen nicht gelingt, an dieser Fülle teilzuhaben, weil sie nicht wissen, dass sie selbst die Ursache für Erfolg oder Misserfolg in sich tragen. Wir bekommen vom Leben nicht das, was wir haben wollen, sondern nur das, was wir verursachen. Nicht mehr, nicht weniger und nichts anderes. **Es gibt daher weder unverdientes Glück noch unverdientes Leid, sondern nur Ursache und Wirkung.**

Der einzige Mensch, der Sie erfolgreich und glücklich machen kann, sind Sie selbst. Allerdings sind Sie auch der Einzige, der Sie wirklich unglücklich machen kann. Die meisten Menschen können ihre Wünsche nicht erfüllen, weil sie ihr Denken nicht beherrschen, weil sie nicht **Meister Ihrer Gedanken** sind. Sie denken hin und her und zerstreuen so das wunderbare Potenzial ihrer schöpferischen Urkraft, anstatt es konzentriert auf ein Ziel zu lenken, um so zu erreichen, was immer Sie wollen.

Sie wollen lieber Geschenke vom Leben erhalten und vergessen, dass sie nur ernten können, was sie gesät haben. Doch liegt es in der Freiheit Ihrer Wahl, zu säen, was immer Sie wollen – in jedem Augenblick. **Die Fülle wartet darauf, für Sie in Erscheinung zu treten, Sie brauchen nur zu säen.** Ganz gleich, ob es um Gesundheit, Beruf, Partnerschaft oder spirituelle Entwicklung geht, alles gehorcht dem Gesetz von Ursache und Wirkung. Ihre Gedanken setzen die schöpferische Urkraft in Tätigkeit um und bringen hervor, was immer Sie wollen – Sie müssen nur lernen, schöpferisch zu denken. **Die Kraft, die Sie arm hält, ist die gleiche, die Sie reich machen kann.** Dieser verborgene Reichtum ist Ihr geistiges Erbe und wartet darauf, dass Sie ihn in Erscheinung treten lassen.

Alle erfolgreichen Menschen hatten – bei allen Unterschieden – eines gemeinsam: Sie hatten

Freude an dem, was sie taten. Nur so wurden sie zu einem erfolgreichen Ausdruck des Lebens und hatten noch ihren Spaß dabei. Wahrer Erfolg und Freude sind nicht voneinander zu trennen. Versuchen wir es erst gar nicht, denn erst miteinander führen sie zu einem erfüllten Leben. Sie werden diesen Weg kein zweites Mal gehen können. Gehen Sie ihn darum als Gewinner! Wenn Sie sich wirklich entschieden haben, kann Sie nichts mehr aufhalten.

Noch nie hat es jemand geschafft, mit einem Mangelbewusstsein im Wohlstand zu leben. Das eine schließt das andere absolut zuverlässig aus. **Wohlstandsbewusstsein zu entwickeln beginnt damit, dass ich das Mangelbewusstsein loslasse.**

Mangelbewusstsein äußert sich zum Beispiel in solchen Sätzen:

- Es ist nicht genug für alle da. Um einen Platz an der Sonne zu bekommen, musst du dich gegen andere durchsetzen.
- Man kann nicht alles bekommen, was man sich wünscht.
- Ohne Fleiß kein Preis.
- Wenn das Leben so einfach wäre, wo kämen wir denn dann hin?
- Wenn ich genug Geld hätte, könnte ich mir meine Träume erfüllen.
- Wenn ich den richtigen Partner habe, dann wird alles besser in meinem Leben.
- Wer reich ist, ist bestimmt auch ein Ausbeuter, hat irgendwelche krummen Dinger gedreht. Ein Ehrlicher hat immer das Nachsehen.

Bitte überprüfen Sie zunächst bei diesen Sätzen, worin sich hier typischerweise Mangelbewusstsein äußert, damit Sie einen Spürsinn dafür bekommen. Ergänzen Sie diese Liste auch noch.

So, und jetzt zu Ihnen selbst. Wo hat sich in IHREM Denken Mangelbewusstsein verkrochen? Bitte ergänzen Sie dazu folgende Sätze:

- Mir ginge es viel besser, wenn ich … hätte.
- Ich brauche dringend …, um … zu können.
- Ich kann ohne … nicht leben.
- Zu meinem Glück fehlt mir nur …
- Ich habe mehr Energie, wenn …
- Ich wünschte mir nichts sehnlicher als …

Durch solche Sätze äußert sich in der Regel Mangelbewusstsein: Ihnen fehlt etwas, Sie brauchen etwas, es mangelt Ihnen an … Sie sind sozusagen nicht vollständig. Sie haben (Energie-)Löcher wie ein Schweizer Käse.

Beachten Sie bitte auch folgende Begriffe (ergänzen Sie auch diese Liste) und machen Sie sich Gedanken darüber, wie es damit in Ihrem Leben aussieht:

- Zeit-Mangel,
- Zeit-Knappheit,
- Beziehungs-Armut,
- Beziehungs-Unfähigkeit,
- Geld-Not,
- Krankheits-Anfälligkeit,
- Bewegungs-Mangel,
- Vitamin-Mangel,
- Schlaf-Mangel,

- Energie-Mangel,
- Liebes-Entzug,
- Freud-Losigkeit,
- Glück-Losigkeit,
- Er-Wartung,
- in einem Loch sein,
- innere Leere …

Sie sehen, Mangelbewusstsein hat unendlich viele Gesichter. Fülle dagegen ist, wenn Sie sagen können: **Ich habe alles, was ich brauche.** Oder denken Sie an unsere Vorstellung von Glück: **Ich bin wunschlos glücklich.**

Am markantesten ist: Ein Mensch im Mangelbewusstsein befindet sich ständig im NEHMEN oder in der ständigen Angst, dass ihm etwas weggenommen wird. Solche Menschen haben eine Menge Versicherungen, wenn sie es sich leisten können, sind oft sogar überversichert. Ein Mensch im Bewusstsein der Fülle dagegen ist immer in GEBER-Laune. Er gibt und schenkt großzügig, weil er mehr hat, als er braucht. Vor allen Dingen weiß er, dass so auch das Leben ihm ständig GIBT. Denn durch einen solchen Menschen werden die Geschenke des Lebens weitergegeben.

Das ist der Typ Mensch, den ich meine, wenn ich vom „Gewinner“ spreche. Es sind Menschen, die **Wohlstandsbewusstsein gewonnen** haben, und aus dieser Fülle heraus auch ein Gewinn, ja ein Segen für andere sind.

Beseitigen Sie jetzt Ihr Mangelbewusstsein, lernen Sie jetzt Ihre Misserfolgsmechanismen kennen und lösen Sie sie auf! Misserfolgs-Mechanismen kommen aus Ihrem Unterbewusstsein. Es sind falsche Glaubenssätze, Gefühle, die sich als Erfolgshindernisse erweisen, überholte, veraltete und für Ihr jetziges Leben falsche innere Programme, die es jetzt neu zu programmieren gilt.

Prüfen Sie einmal in allen Bereichen Ihres Lebens, wo die Dinge nicht so gelaufen sind, wie Sie es gern gehabt hätten: im Beruf, in der Partnerschaft, mit der Gesundheit, bei den finanziellen Verhältnissen, bei der persönlichen Entfaltung usw. Schauen Sie einmal zurück und halten Sie fest, wo eine für Sie wichtige Handlung (in die Sie viele Erwartungen gesetzt haben) nicht das erwünschte Ergebnis gebracht hat. Prüfen Sie danach aber auch die kleinen Pannen, die scheinbar unbedeutenden Ereignisse, und schreiben Sie alles auf, was Ihnen dazu einfällt.

Es wäre gut, wenn Sie jetzt **mindestens 50 Punkte** finden könnten. Das sollte auch in einem erfolgreichen Leben keine Schwierigkeiten bereiten. Also etwa so:

Folgende Disharmonien erkenne ich in meinem Leben:

- Werde bei der Beförderung ständig übergangen;
- schiebe Steuererklärung ständig vor mir her;
- Konto ständig bis zur Ausreizung des Dispo überzogen;
- ständig Krach mit dem Ältesten;
- keine Zeit für mich;
- besuche Menschen, obwohl ich gar keine Lust mehr dazu habe;
- …
- …

Ihnen werden da sicherlich 50 Punkte einfallen, wo Ihr Leben nicht so klappt, nicht so „stimmig“ ist, wie Sie es sich wünschen.

Nun ordnen Sie die einzelnen Punkte den verschiedenen Bereichen Ihres Lebens zu:

1. Partnerschaft, Familie, Freunde, Freizeit
2. Beruf, Karriere
3. Gesundheit, Leistungsfähigkeit, Wohlgefühl
4. Wirtschaftliche Situation, Besitz, Vermögen
5. Ausbildung, persönliche Entwicklung, Erkenntnis, gelebte Weisheit

Sie werden dabei sehr schnell **Schwerpunkte** erkennen, Bereiche, in denen Ihnen scheinbar alles, vielleicht sogar mühelos, gelingt, und andere Bereiche, in denen Sie sich schwerer tun, wo trotz aller Bemühungen öfter etwas einfach nicht gelingen will. Es wird nämlich selten erkannt, dass auch ein erfolgreicher Mensch durchaus auf einem anderen Gebiet ein Versager sein kann.

Das bedeutet, dass er sich dort etwas versagt. Nun brauchen Sie nur noch das **Warum** dahinter zu finden, denn alles hat seinen tieferen Grund. Fragen Sie einfach bei jedem einzelnen Punkt **so lange warum, bis Sie die Ursache erkannt haben.**

Bei TOYOTA gibt es eine verblüffende Technik. Man braucht **höchstens fünf WARUM-Fragen** zu stellen, um die Ursache eines Problems zu finden. Das folgende Beispiel ist fast schon kindisch und soll uns daher nur ganz allgemein **die Technik der fünf WARUM-Fragen** erläutern.

- Erstes Warum: Warum bin ich heute so gereizt? Antwort: Weil ich völlig übermüdet aufgestanden bin.
- Zweites Warum: Warum bin ich völlig übermüdet aufgestanden? Antwort: Weil ich viel zu spät ins Bett gegangen bin.
- Drittes Warum: Warum bin ich viel zu spät ins Bett gegangen? Antwort: Weil ich noch einen Spätfilm im Fernsehen gesehen habe, über den ich mich maßlos geärgert habe, und nicht einschlafen konnte.
- Viertes Warum: Warum sehe ich mir überhaupt so einen Schrott an? Antwort: Weil mir irgendetwas fehlt. Wenn ich glücklicher wäre, würde ich nicht so oft vor der Glotze hocken und andere Sachen machen.
- Fünftes Warum: Warum bin ich unglücklich? (Jetzt kommt die Antwort aller Antworten!) Weil mein Partner … und schon liegen Sie daneben.

So können Sie recht schnell auf den Punkt kommen. Sollte diese letzte Ursache (die Antwort auf spätestens die fünfte Frage) scheinbar **außerhalb** von Ihnen liegen (weil mein Partner …), sind Sie noch nicht bei der letzten Ursache angelangt.

Also suchen Sie eine andere Antwort – und zwar bei sich selbst. Okay, das tut weh, ist nicht so bequem, wie jemand anderen verantwortlich zu machen, aber es ist zielführend. Denn die wahre Ursache liegt immer bei einem selbst. „Ja, aber, was kann ich denn dafür, dass …“ höre ich Sie schon protestieren. Vergessen Sie's! Sie machen sich etwas vor! Irgendwann haben Sie eine Entscheidung gefällt oder über sich fällen lassen, durch die Sie jetzt in diese Situation geraten sind.

Sobald Sie den letzten Grund in sich selbst gefunden haben, werden Sie erkennen, dass es **keinen Grund gibt, sich im Leben irgendetwas zu versagen.** Es gibt kein Hindernis, das nicht aufzulösen wäre, um so letztendlich im Leben in allen Bereichen erfolgreich zu sein, das heißt, mit zielgerechtem Handeln erwünschte Ergebnisse zu erreichen.

Keiner kann Sie glücklich MACHEN. Glücklich können Sie nur SEIN. (Hier könnte es wieder klingeln! Glück kann man nicht MACHEN, sondern nur SEIN. Sollte es da vielleicht einen Zusammenhang geben mit meiner Provokation: WAHREN ERFOLG kann man nicht MACHEN, sondern …? Wir werden sehen!)

Glücklich SEIN – das ist IHR JOB, den Ihnen niemand abnehmen kann. Zwei Unglückliche werden auch miteinander unglücklich sein. (Jeder erwartet vom anderen, dass er ihn gefälligst glücklich macht. Aber wie sollte der andere das können, wenn er selbst nicht glücklich ist?) Zwei Glückliche haben die besten Chancen, auch MITEINANDER glücklich zu sein. (Glück gibt's nur im Überfluss. Und da sind die gegenseitigen Geschenke doppelt so schön, weil man sie nicht erwartet und auch nicht braucht.)

Affirmationen sind Anti-Virenprogramme

„Positive Glaubenssätze" nennt man Affirmationen. Sie sind das „Gegenmittel" gegen vergiftende Kernsätze in uns, versteckte Viren-Programme wie den Ausspruch „Das schaffst du NIE!" Das ist doch ein übler Gedanken-Virus, oder? Und davon haben Sie jetzt mit den letzten Übungen (dem Viren-Scanner-Programm) schon eine Menge identifiziert. Doch jetzt gilt es, diese

Viren auch zu beseitigen, damit Ihr Denken wieder virenfrei funktioniert.

Manche rümpfen die Nase, weil sie glauben, mit solchen Affirmationen würde man sich nur etwas „einreden". Das ist ein falsches Verständnis. Und so kann daraus auch nichts werden.

1. Sie reden sich nichts **ein,** sondern reden es sich aus, treiben etwas **aus.** Affirmationen sind ein gezieltes Gegenmittel gegen giftige Gedanken.
2. Der Inhalt dieser **„Heilsätze"** (wie zum Beispiel: „Ich verdiene die Fülle des Lebens, denn sie macht meine wahre Natur aus") ist ja ein **Ausdruck Ihrer inneren Wahrheit** und bringt diese zum Mit-Schwingen.
3. Es geht gar nicht so sehr um den Kopf. **Das Gift ist zwar in den Gedanken, doch die Heilung kommt aus dem Herzen.** Unsere Gedanken-Viren stecken in Anwendungen, aber nicht im Betriebssystem. Affirmationen sind so etwas wie **Mantras,** die eine heilende Kraft haben.

Alte Parole – neuer Zusammenhang in diesem Buch: **Glauben Sie mir kein Wort, aber probieren Sie es auf jeden Fall aus!** Suchen Sie sich Affirmationen aus, die Ihnen richtig gut tun. Sie erkennen sie daran, dass Ihr Herz mitschwingt.

Hier einige **Beispiele für hilfreiche und heilsame Affirmationen:**

- Es gibt immer eine Lösung.
- Ich kann die Aufgabe JETZT lösen.
- Ich bekomme immer rechtzeitig alles, was ich brauche.

- Das Leben bietet mir viele Möglichkeiten, dem Ganzen zu dienen und dabei mein Einkommen beliebig zu steigern.
- Ich bin dankbar für einen endlosen Strom praktischer Ideen, die das Leben mir schickt, um immer erfolgreicher zu sein.
- Alles kann mir nur dienen und helfen.
- Ich erkenne und nutze meine Chancen.
- Ich habe alles, was ich brauche. Ich bin wunschlos glücklich.
- Ich kann geben und verschenken, weil ich mehr habe, als ich brauche.
- Ich bewältige jede Lebensaufgabe.
- Ich bin erfüllt von Lebensfreude und Lebenslust.
- Ich mag mich, so wie ich bin.

Mit solchen Glaubenssätzen räumen Sie sehr schnell mit Ihrem Mangelbewusstsein auf und schaffen damit Platz für ein umfassendes Wohlstandsbewusstsein. Lassen Sie sich nicht dadurch täuschen, dass es einfach so sein soll. Es IST so einfach, aber das Wissen genügt natürlich nicht, man muss es auch tun. Überprüfen Sie immer wieder Ihre Glaubenssätze und erfinden Sie ständig weitere, die Ihrem inneren Maßstab entsprechen. Zum Beispiel:

- Das Leben ist ein Spiel und macht Freude.
- Die Welt bietet mir überall die Fülle.
- Es gibt grenzenlos viele interessante Möglichkeiten in meinem Leben.
- Erfolg und Geld zu haben ist gut.
- Ich bin von Natur aus ein Gewinner.

Wie gesagt: Reden Sie sich das nicht ein, sondern erkennen Sie, dass es in Wirklichkeit so ist. Das ist nichts für den Kopf, da muss das Herz entzückt mitschwingen. WOW, das tut gut!

Hilfreich kann auch sein, sich einmal bewusst zu machen, wie erfolgreich Sie bisher schon waren und was Sie schon alles erreicht haben. **Wie reich ist Ihr Leben derzeit schon!** Und denken Sie dabei erst am Ende an Geld. Denken Sie an Zeit-Fülle, Beziehungs-Reichtum, überschäumende Vitalität, strahlende Gesundheit, den Reichtum an Erfahrungen, wertvolle Erinnerungen, Energie-Fülle, kreative Gedanken-Fülle – sammeln Sie unendlich Ideen.

So reinigen Sie Ihr Bewusstsein von Misserfolgs-Mechanismen

Wenn Sie also die fast unbegrenzten Möglichkeiten Ihres Denkinstruments optimal nutzen wollen, dann sollten Sie einmal **eine Gedankenkur machen, eine mentale Diät.** Dabei gilt es, jeden Ärger, jede Angst oder Stress sofort umzuwandeln und dadurch aufzulösen, bevor eine negative Wirkung folgen kann. Auch Schuldgefühle, Sorgen, Zweifel, Wut, Selbstmitleid und Aufregung gilt es, mental „umzuerleben". Aber auch jeden Gedanken an Krankheit, Armut, sogar an den Zufall sollte man sich sofort bewusst machen und auflösen.

Das Ziel wäre, morgens und abends gründlich **Psychohygiene** durchzuführen und tagsüber stündlich eine Stilleminute einzulegen. Psychohygiene kennen Sie nicht? Aber Zähneputzen! **Psychohygiene ist Gedankenputzen – und das sollten Sie auch mor-**

gens und abends vornehmen. Morgens stellen Sie sich vor, wie der Tag optimal ablaufen würde. Wenn Sie der Regisseur dieses einen Tages wären, wie würden Sie sein ideales Drehbuch schreiben? Abends schauen Sie sich an, was nicht so ideal gelaufen ist und korrigieren das Erlebte. Stellen Sie sich einfach vor, Sie hätten sich in der entscheidenden Situation doch anders verhalten. Erleben Sie so den Tag in der Rückschau als idealen Tag. (Ist doch besser als Schäfchenzählen beim Einschlafen, oder?) Aber im Ernst: Das ist auch eine Form, Ihr Unterbewusstsein so umzudirigieren, dass es immer mehr auch seinen Beitrag leistet, dass auch Ihre realen Tage immer optimaler verlaufen!

Erfolgshemmer – Angst

Das größte Problem unserer Zeit scheint wohl die Angst zu sein. **Wenn Liebe die Antwort auf alle Fragen ist, dann ist die Angst die Ursache aller Probleme.**

Viele Menschen haben Angst – Angst vor dem Leben, vor dem nächsten Tag. Andere haben konkrete Ängste, vor einer Prüfung etwa oder vor bestimmten Menschen, vor dem Fliegen oder dem Gewitter. **Angst ist immer ein Ausdruck von Unsicherheit, von mangelndem Vertrauen zu sich selbst und zu seinen Kräften und Fähigkeiten.** Wenn Sie unter Ängsten leiden, dann sollten Sie sich nicht nur mit der Auflösung dieses negativen und zerstörerischen Gefühls befassen. Genauso wichtig ist der **Aufbau des Vertrauens zu sich selbst – die Erarbeitung eines gesunden Selbstbewusstseins.** Sie erinnern sich an unsere Übungen: ICH SCHAFFE ES …

Wenn wir von Angst sprechen, dann sollten wir immer daran denken, dass Angst in gewissen Grenzen durchaus notwendig und natürlich ist. **Angst ist ein gesundes Urgefühl des Menschen.** Wie sonst hätte der Mensch überhaupt überleben können, hätte ihn in manchen Situationen nicht die Angst vor Unheil bewahrt. Wenn etwas Neues auf uns zukommt, mobilisiert das immer Angst. **Es ist eine Angst, die sich in Handlungsenergie umformt, wenn man dann den Sprung ins Neue wagt.**

Es gibt die „gesunde" und die krank machende Angst. Die gesunde Angst kann auch als Instinkt bezeichnet werden und ist ein Gefühl des Unbehagens, das uns in manchen Fällen davor bewahrt, Dinge zu tun, die für uns schädlich sind. Wer nach einem schweren Skiunfall Angst vor dem Skifahren hat, dessen Angst ist begründet. Doch sollte auch diese Art der Angst aufgearbeitet werden, damit sie sich nicht auf andere Bereiche ausbreiten und zum Grundstein für ein Leben in Angst werden kann.

Wenn Angst wächst, immer mächtiger wird und großen Raum in unserer Gedanken- und Gefühlswelt einnimmt, wenn Angst unser Leben beherrscht und unser Tun bestimmt, dann ist es höchste **Zeit, dieser Angst Einhalt zu gebieten,** bevor sie sich zu einer Neurose oder Phobie entwickeln oder in eine Depression übergehen kann. Angst entsteht durch eine falsche Einstellung im Unterbewusstsein, die dann körperlich-seelische Folgen hat. Sogar chemisch ist Angst messbar durch das Adrenalin, das in Angstsituationen vermehrt ausgeschüttet wird. Zu viel Adrenalin kann zu einer Erhöhung des Blutdrucks mit seinen bekanntermaßen umfangreichen schädlichen Folgen führen.

Angst kann auch zu einer sich ständig selbst aufladenden Kraft werden. Je mehr Angst Sie haben, desto schlechter fühlen Sie sich körperlich; Sie haben nicht nur Herzklopfen, zitternde Hände und weiche Knie, sondern auch noch einen ausgetrockneten Hals. Diese äußeren Symptome belasten Sie zusätzlich, sodass die Angst dadurch noch größer wird – je mehr Angst Sie haben, desto mehr Adrenalin wird ausgeschüttet und die Folgeerscheinungen verschlimmern sich weiter.

Ängste in späteren Lebensabschnitten werden oft schon im Kinderzimmer geboren, wenn z. B. durch eine strenge Erziehung den Bedürfnissen und Gefühlen des kleinen Kindes nicht individuell Rechnung getragen wird und strikte Verbote die kindlichen Empfindungen missachten. So kann sich das Gefühl des Unbehagens beim Kind, das der stärkere Erwachsene einfach ignoriert, sogar zu einer großen Angst entwickeln.

Die Angst vor Versagen ist ja recht weit verbreitet und wird durch ständige negative Äußerungen in der Kindheit regelrecht ins Unterbewusstsein eingepflanzt. Wer kennt nicht das Stöhnen der Eltern: „Das kannst du nicht, dazu bist du noch zu klein/zu dumm." Ständige Wiederholungen in diesem Tenor setzen sich fest. Und irgendwann glaubt der kleine Mensch schon daran, dass er dieses und jenes nicht kann. Später traut er sich neue Aufgaben nicht zu, hat weder Kraft noch Mut, nach seinen (heimlichen) Wünschen zu leben. Er bleibt lieber da, wo er ist, denn hier kann er alles, was von ihm gefordert wird.

Wenn diese Versagensangst auch nicht so gravierend erscheint, so behindert sie doch die eigene Entwicklung. Wie viele wirkliche Talente sind auf diese Art und Weise wohl schon verschüttet worden, bevor sie überhaupt die Chance bekamen, sich zu entwickeln? Die Versagensangst ist auf jeden Fall ein schweres Hemmnis, das das ganze Leben behindern und die Lebensfreude schmälern kann.

Angst hat viele Gesichter und nicht nur ängstlich erscheinende Menschen leiden an Angst. Auch der Angeber, der sich lautstark seiner Taten rühmt, kann von der Angst geleitet werden. Er versucht nur, seine Angst durch große Worte und Lautstärke zu überdecken – nach dem Motto: Wenn ich laut im dunklen Wald singe, dann hört jeder (und vor allem ich selbst), dass ich stark bin und keine Angst habe!

Gegen Alltags-Ängste, die keiner fachlichen Hilfestellung bedürfen, helfen eine meditative Musik und besonders darauf ausgerichtete Affirmationen. Sie empfinden die körperliche Ruhe, die sich in einem Entspannungszustand in Ihnen ausbreitet, als äußerst wohltuend; durch die Harmonie wird die Adrenalinausschüttung verringert. **Ihre Affirmation sollte gezielt Ihre persönlichen Ängste aussprechen und in gewohnter positiver Weise formuliert werden.**

Depressionen werden häufig durch unbewusste Ängste ausgelöst und äußern sich dann in Lebensunlust, in grundloser Traurigkeit und Antriebsschwäche. Oftmals beginnen Depressionen schleichend. Traurigkeit befällt den Menschen, wenn es dämmrig wird, oder aber er ist lustlos, wenn die Sonne scheint und alle anderen Menschen um ihn herum voller Lebensfreude und aktiv sind. Nur er hat keine Freude, zieht sich am liebsten in sein „Schneckenhaus“ zurück und fühlt sich dann noch schuldig, weil er so anders ist als die anderen. So wird der Teufelskreis perfekt. Unverarbeitete Erlebnisse, Verluste und tiefe Kränkungen können in Depressionen übergehen.

Das beste Heilmittel dagegen ist immer das HANDELN, und zwar in solchen Schritten, die man sich so gerade noch zutraut. Und dann die Grenzen immer mehr erweitern. Denn Angst und Depression sind auch Energie, die raus will, die etwas tun will, die Leben spüren will, die etwas Neues schaffen und sich daran erfreuen will. **Sie werden sehen, so können Sie aus dem „Teufelskreis" herauskommen in eine „Energieaufbau-Spirale".** Entwerfen Sie sich ein Handlungsprogramm der kleinen Schritte und dann schreiten Sie zur Tat. **Wandeln Sie Angst vor Erfolg, Angst vor Ihrer eigenen Größe um in Energie für Großtaten.**

Erfolgshemmer - Schuldgefühle

Wer kennt nicht auch das Gefühl, schuld zu sein, weil er falsch reagiert hat, weil er wutentbrannt und unbeherrscht Worte sagte, die er nicht so meinte, weil er absichtlich einen lieben Menschen verletzt hat.

Schuldgefühle sind - ebenso wie Angst - in Grenzen oftmals berechtigt und sollten dazu anregen, das eigene Verhalten zu überprüfen, es möglicherweise zu verändern, zu lernen, Fehler zuzugeben und sich zu entschuldigen. Viele Menschen tendieren aber auch dazu, sich für alles schuldig zu fühlen, unabhängig davon, ob sie tatsächlich eine Schuld tragen oder nicht. Eine solche Einstellung kann die Lebensfreude und die eigenen Entfaltungsmöglichkeiten ziemlich beeinträchtigen.

Es ist natürlich erst einmal zu klären, ob Sie tatsächlich Fehler gemacht haben. Wenn ja, dann können Sie – soweit das noch möglich ist – anders handeln oder zumindest die Fehler eingestehen und sich entschuldigen. Außerdem können Sie aus diesen Fehlern für die Zukunft lernen. Sie können es das nächste Mal besser und richtiger machen und Sie können gleichzeitig wieder etwas über sich selbst erfahren, indem Sie sich ganz ehrlich fragen, warum Sie überhaupt so gehandelt haben.

Prüfen Sie, ob Sie Ihre Fehler und die der anderen erkennen. Nehmen Sie die letzten zwei Wochen und gehen Sie in Gedanken Situationen durch, die in Ihnen Schuldgefühle hervorgerufen haben. Sind das etwa ständig wiederkehrende Momente und sich wiederholende Gedanken und Gefühle? Wenn Sie ständig Streit haben mit Ihrer Schwester, sind Sie dann immer schuld? Wenn Sie Ihrem Freund die Meinung über sein ruppiges Verhalten sagen, fühlen Sie sich dann schuldig, dass er verärgert ist? Ruft die schlechte Laune Ihres Vorgesetzten in Ihnen auch gleich Schuldgefühle hervor und fragen Sie sich gleich, ob Sie etwas falsch gemacht haben?

Kommen Sie aber auf alle Fälle aus der Ecke, dass Sie sich Dinge aufladen, die mit Ihnen nichts zu tun haben. Oft fühlt man sich schuldig für ein Fehlverhalten anderer, etwa der eigenen Kinder. Machen Sie sich immer bewusst: Jeder gibt immer sein Bestes. Wenn mehr nicht möglich war, dann war es eben nicht drin.

Und so wie Angst im Handeln die Lösung findet, so findet das „Schuldgefühl" seine Lösung im

Verzeihen. Verzeihen Sie sich erst einmal selbst. Und geben Sie sich selbst das Versprechen, immer Ihr Bestes zu geben. Warum sollten Sie sich dann noch einmal für etwas schuldig fühlen müssen? Versprochen? Also sprechen Sie mir nach: **Ich vergebe mir alle meine Fehlleistungen, mache es jetzt besser und gebe jetzt immer mein Bestes.**

Erfolgshemmer – Stress

Stress wird uns nicht von außen aufgebürdet. Stress ist ein idealer Fluchtweg, der von allen Menschen anerkannt und manchmal sogar bewundert wird. Wer ständig unter Stress steht, der muss ja wohl erfolgreich sein.

Auf die richtige Dosierung kommt es auch beim Stress an. Es gibt den positiven Eustress, der uns anregt zu Aktivitäten, der uns gesund ermüden lässt, und es gibt den negativen Disstress, der uns erschöpft. Und es gibt zu viel Stress!

Leicht gelingt es, durch selbst auferlegte und zu knapp bemessene Termine und durch zu viel Arbeit sich so auf Trab zu halten, dass wir abends nur noch todmüde ins Bett sinken. Da bleibt dann gar keine Zeit für einen selbst, für Gedanken oder Gespräche, die längst fällig sind, weil der Partner so abweisend ist, die Kinder sich immer mehr zurückziehen. Doch das wollen wir ja so. Wir wissen nämlich, dass solche Gespräche anstrengend sind, dass möglicherweise unangenehme Punkte zur Sprache kommen, die Konsequenzen bedeuten könnten. Da ist der Stress uns doch lieber und wir betrachten ihn als das kleinere Übel!

So bleiben die Probleme so lange unbesprochen, bis vielleicht unsere ganze Konstruktion plötzlich wie ein Kartenhaus zusammenfällt. Aber nicht nur das. Auch laufen wir uns oft selbst davon. Wer sich keine Zeit für sich selbst nimmt, der kann sich nicht weiterentwickeln, kann Gelerntes nicht umsetzen, kann seine Fähigkeiten auch nicht voll ausschöpfen. Fortbildungsseminare sind begehrt und die meisten Menschen nehmen sich Zeit für die berufliche Weiterbildung. Doch wie steht es denn mit unserer seelisch-geistigen Entwicklung? Warum ist hier die Zeit so rar? Äußerer Erfolg kann nur einhergehen mit innerem Wachstum. Nehmen Sie sich die Zeit für sich – für Ihre Seele – und Sie werden die wunderbare Erfahrung machen, dass alles andere leichter und einfacher geht. Die Zeit, die Sie für sich investieren, ist die beste Investition, die Sie überhaupt machen können. Sie werden sich selbst entdecken, werden Fähigkeiten finden können, die Ihnen neue Aspekte eröffnen, die Ihnen inneren Reichtum bescheren. Sie können Ihr gesamtes geistiges Potenzial erkennen und in Besitz nehmen.

Bauen Sie systematisch Druck von außen ab. Kommen Sie aus der Situation heraus, dass Sie immer nur re-agieren. **Werden Sie der Chef über die eigene Zeit.** Davon haben Sie nicht eine Sekunde weniger als der reichste Mensch der Welt.

Erleben Sie die Qualität der Zeit neu. Die meisten Menschen leben in der verrückten Situation, dass sie keine Zeit haben, sich Zeit zu nehmen. Dafür wird's jetzt aber Zeit! Nehmen Sie sich z. B. jede volle Stunde eine stille Minute: Spüren Sie sich dabei! Ihr Leben. Die Souveränität über Ihre Zeit. Ich verspreche Ihnen:

Sie werden diese Minuten zu lieben beginnen, sie ausdehnen (wie wäre es mit morgens und abends 20 Minuten Meditation?). **Es werden Wunder geschehen, weil die Zeit zu Ihrer besten Freundin wird. Zeit ist Leben.** (Da soll doch jemand gesagt haben, Zeit sei Geld. Aber es ist unwahrscheinlich, dass dieser jemand je geLEBT hat.)

Gehen Sie in ein Wunschtraum-Erfüllungs-Bewusstsein!

Bisher haben Sie durch ein Mangelbewusstsein des schwachen Rest-Ich oder das Ausharren in einer Opferrolle die natürliche Fülle in ihrem Leben „erfolgreich" verhindert, sich diese Fülle versagt. Sie verändern jetzt Ihr Leben und gehen dazu in ein Wunschtraum-Erfüllungs-Bewusstsein:

Träumen lernen, **aufwachen** und verwirklichen.

Bevor Sie „traumhaften" Erfolg im Leben haben können, müssen Sie Ihre Antwort auf die Frage gefunden haben, was WAHRER Erfolg für Sie ist, wie **Ihr SELBST zu Ihrem wichtigsten Erfolgsfaktor wird.**

Bevor ich also Erfolg haben kann im Leben, muss ich mich für die Art meines Erfolgs entscheiden. Nur wenn ich ein klares Ziel habe, kann ich es erreichen. Machen wir uns bewusst, dass Zeit unser größtes Kapital ist, denn Zeit ist mehr als Geld, Zeit ist Leben. Viele Menschen entscheiden sich aber erst zu leben, wenn sie schon halb tot sind. Die meisten arbeiten zu viel und zu unrationell und machen sich damit das Leben unnötig schwer.

Zum wirklichen Wohlstand gehören Gesundheit, ein glückliches Familienleben, gute Freunde, ein Beruf, der wirklich Berufung ist, genügend Geld und genügend Zeit für alles, was Ihnen wichtig ist. Erfolg, aber auch richtig lachen zu können, Freiheit, schöne Erinnerungen, reiches inneres Erleben, loslassen zu können, Offenheit, Ehrlichkeit, besonders sich selbst gegenüber, echt und authentisch zu sein, die Wirklichkeit hinter dem Schein zu erkennen und mit den Jahren allmählich weise zu werden. Damit sollten Sie möglichst früh anfangen!

Erfolg ist untrennbar von Freude! Erfolgreich sein kann ich nur dort, wo es mir Freude macht. Ohne Freude an dem, was ich tue, ist kein Erfolg möglich. Nichts ist mühsam, wenn man es gern tut. Was keine Mühe macht, ist meist auch nicht der Mühe wert. Sich mit Freude bemühen, jedes gesteckte Ziel zu erreichen!

Halt, damit sind wir schon in der nächsten Spielrunde. Halten Sie jetzt nur noch einmal eine kleine Rückschau, ob Sie jetzt ein ganz anderes Erfolgsbewusstsein gewonnen und schon entscheidende Schritte getan haben, Ihr Leben zu ändern.

2. Ein neues SELBST-Bild schaffen

Ich verrate Ihnen ein weiteres Geheimnis. Das neue Geheimnis ist ein fundamentales Entwicklungsprinzip: **Alles, was sich heraus-BILDen soll, muss erst einmal als inneres BILD vorhanden sein.** Ich spiele wieder mit der Sprache. Das ist ein fundamentales Entwicklungsgesetz der Evolution. Dies können wir an dieser Stelle nicht ausführen, aber betrachten Sie einfach nur folgende Sätze:

- Der Mensch ist ein Eben-BILD Gottes.
- Eltern als Vor-BILD der Kinder.
- Die Spirale ist das Ur-BILD der Entwicklung.
- Die Theorie ist ein Ab-BILD der Wirklichkeit.
- Jeder Mensch hat ein Welt-BILD, nach dem er die Wirklichkeit deutet.
- Das Menschen-BILD des Industriezeitalters war eine Maschine. (Noch heute „repariert“ die Medizin Krankheiten wie einen maschinellen Defekt.)
- Das Selbst-BILD ist das Bild, das du von dir machst. (Das kann allerdings aufbauend oder niederschmetternd sein.)

Wenn man wirklich etwas verändern will, dann beginnt es damit, das man das BILD von sich selbst ändert. Haben Sie es nicht auch schon einmal bei sich selbst erlebt? Wenn Sie in einer Situation des Umbruchs waren, gespürt haben, jetzt fängt etwas Neues an, haben Sie sich eine neue Frisur machen lassen, sich neu eingekleidet, sich ein neues Auto zugelegt, die Wohnung renoviert. **Alles Bilder, die Ihr neues Selbst-Bild abgeBILDet haben!**

Vor der Sprache kommt das Bild, das Symbol, die Archetypen, die Traumsymbole. Gerade in unserem „Medien-Zeitalter" sollten wir von der **Kraft der Bilder** überzeugt sein. Schauen Sie sich die Bilder eines Video-Clips an. Die Musik der Popkultur ist ohne entsprechende Video-Bilder schon kaum noch vorstellbar.

Bevor das neue Haus gebaut werden kann, ist erst einmal der Plan, das Modell da, das Bild, wie es einmal sein soll. Jetzt planen Sie sich NEU!

Ihr Selbst-Bild als Erfolgspersönlichkeit bestimmt Ihr Leben

Wie wörtlich wir das nehmen können, erkennen wir daran, dass **hinter jedem unserer Gedanken ein Bild steht.** Für alles, was ich denke, habe ich in meinem Inneren ein Bild, und nach dem Gesetz der Kongruenz von innen und außen gestalten meine inneren Bilder die äußere Wirklichkeit, meine Wirklichkeit. Die Wirklichkeit ist nur ein Spiegel-Bild. Im Außen spiegelt das Leben wider, was in mir ist. **Welches Bild ich also von mir habe, mein Selbstbild, gestaltet mein Leben.** Aber entspricht mein Selbstbild überhaupt der Wirklichkeit meines Seins?

Oft ist dieses Bild von anderen geprägt und entspricht mir gar nicht. Dann aber kann auch mein Leben nicht mir selbst entsprechen! Ich verwirkliche so die Meinung anderer, anstatt mich selbst! **Andere bestim-**

men mein Leben, indem sie mein Selbstbild prägen. Indem ich JETZT selbst mein Selbstbild präge, bestimme ich wieder selbst mein Leben. Ich brauche mich also gar nicht zu wundern, wenn ich mit meinem Leben unzufrieden bin, weil es mir oft gar nicht entspricht.

Meine Aufgabe ist es nun, wieder zu mir selbst zu finden, zu erkennen, wer ich wirklich bin, das Bild meiner inneren Wirklichkeit zu finden, um wirklich mein Leben leben zu können. Es geht also nicht nur darum, ein positives Selbstbild von sich zu haben, sondern vor allem darum, dafür zu sorgen, dass mein Selbstbild mit meiner inneren Wirklichkeit übereinstimmt, dass ich **die Wirklichkeit meines wahren Seins erkenne und so im Außen verwirkliche, dass ich wirklich ICH-SELBST bin!**

Die verschiedenen Aspekte des Selbst-Bildes

Wie sehr die verschiedenen Aspekte meines Selbstbildes mein Leben bestimmen, kann ich auch daran erkennen, dass ich immer besonders auf den Aspekt achte, der bei mir nicht in Harmonie ist.

Habe ich z. B. ein negatives Bild meines Körpers, weil ich vielleicht mit meiner Figur nicht zufrieden bin, dann werde ich zuerst immer auf die Figur des anderen achten, sie mit meiner Figur und meinem Idealbild vergleichen.

Ganz anders wird ein Mann, der sein Selbstbild aus seinem Erfolg bezieht, aber nicht erfolgreich ist, sich hauptsächlich für den Erfolg bei den anderen interessieren.

Ebenso eine Frau, die ihr Selbstbild aus dem Status ihres Mannes bezieht. Sie wird sich immer wieder zuerst dafür interessieren, was der Mann der anderen darstellt.

Beziehe ich mein Selbstbild aus einer Krankheit, dann werde ich mit allen und jedem immer wieder über meine Krankheit sprechen.

Der negative Teil meines Selbstbildes drängt sich also bei jeder nur möglichen Gelegenheit in mein Bewusstsein und dadurch werde ich vom Leben auch im Außen immer wieder mit diesen Dingen konfrontiert, weil dieser Mangel in mir eine Aufgabe ist, die es zu lösen gilt.

Erst wenn diese Aufgabe gelöst ist, ist mein Bewusstsein frei von diesen Bildern und Zwängen, kann mein eigentliches Leben geschehen. Erst dann bin ich frei für mich selbst. Solange das aber nicht der Fall ist, zwinge ich das Leben, mich ständig mit diesen Dingen im Außen zu konfrontieren, mit denen ich innerlich nicht einverstanden bin.

Also frage ich mich doch einmal: Worauf richte ich denn hauptsächlich mein Bewusstsein? Was interessiert mich am anderen oder im Leben besonders? Das zeigt mir deutlich die Aufgabe, die mir das Leben stellt.

Oft überschattet ein starker Mangel mein ganzes positives Selbstbild, nur weil er sich ständig ins Bewusstsein drängt.

Die Beschreibung der Lebensabschnitte

Ein anderer Weg, zu erkennen, worauf ich ständig mein Bewusstsein richte, ist die **Beschreibung meiner Lebensabschnitte.**

Ein Mann könnte die wichtigsten Abschnitte seines Lebens etwa so beschreiben: An dem Ort ging ich zur Schule, dann kam ich in die Lehre. Nach der Lehre trat ich dort eine neue Lehre an. Dann wurde ich befördert und in diesem Jahr machte ich mich dann endlich selbstständig.

Bei einer Frau könnte das so aussehen: In dem Jahr traf ich meine erste Liebe. In dem Jahr habe ich mich von meinem Freund getrennt. Dann lernte ich meinen heutigen Mann kennen. In dem Jahr haben wir geheiratet. In dem Jahr kam unser erstes Kind. In dem Jahr sind wir in unser neues Haus gezogen. In dem Jahr war mein Kind so schwer krank und da zogen wir in unser eigenes Haus.

Selbst wenn beide exemplarische Personen verheiratet sind, leben sie ein ganz unterschiedliches Leben. Sie haben verschiedene innere Bilder.

Das Selbstbild heißt so, weil es ein Bild meines Selbst sein sollte. Selbst wenn ich einen optimalen Körper habe und mein Selbstbild daraus beziehe, ist dies eine Aufgabe, weil der Körper unweigerlich verfällt und damit dann auch mein Selbstbild.

Die eigentliche Aufgabe ist daher, zu erkennen, wer ich wirklich bin. Nicht eine Vorstellung von mir zu kreieren oder zu versuchen, ein Ideal zu verwirklichen.

Ich bin also selbst meine Hauptaufgabe und ich sollte die Hauptrolle in meinem Leben spielen. Aber ich kann mein Leben nur wirklich ändern, wenn ich die inneren Bilder ändere, bis ich endlich ganz frei von Bildern, wirklich ich selbst bin!

Beschreiben Sie einmal Ihr Leben. Damit beschreiben Sie Ihre inneren Bilder, die Ihr Leben prägen, Ihr Selbstbild.

In Bezug auf	**Mein altes Selbstbild: Das Gestern**	**Mein neues Selbstbild: Das Morgen**
meinen Körper		
meine Gefühle		
meinen Verstand		
meine Potenziale		
meine Beziehungen		
meine Eltern		
meine Geschwister		
meine Kinder		
meinen Beruf		
meine Gesundheit		
meine Finanzen		
usw.		

Versuchen Sie nach diesem **Raster** einmal für jede Facette Ihres Gesamt-Selbstbildes die einzelnen Mosaik-Bilder zu erkennen und neu zu gestalten.

Beschreiben Sie es nicht nur (früher: ignorant meinem Körper gegenüber/heute: ehre ihn als Tempel meiner Seele, oder wie immer Sie es formulieren möchten), sondern sehen Sie **diese Beschreibung auch als BILD.** Darum geht es hier! **Sehen Sie,** wie sie Schmerzen im Körper als lästige Störung mit allerlei Mitteln betäubt haben. Sie werden dabei auch Gefühle haben. Schuldgefühle wären weniger passend, ein Gefühl des Verzeihens ist heilsamer. Vielleicht möchten Sie auch Ihrem Körper danken, wie treu er Ihnen doch immer noch zur Seite gestanden hat, obwohl Sie ihn so geschunden und missbraucht haben.
Und dann das positive Bild, das Sie jetzt von Ihrem Körper haben. Wie geht man mit einem Tempel um? Wie ehrt man das Monument, die Kathedrale Ihres Heiligtums? Was ist würdig, Ihr Innerstes zu manifestieren? Wäre eine Restauration fällig? Eine Wellness-Kur, eine Entschlackungs- und Entgiftungs-Kur? Laufen, für starke und schöne Muskeln?

Sie sehen, das ist nur ein Beispiel für den ersten Rasterpunkt: mein altes Selbstbild und mein neues Selbstbild in Bezug auf meinen Körper. Bauen Sie sich so nach diesem Raster ein NEUES BILD von sich SELBST auf. **So werden Sie Ihr eigener Lebens-Architekt, Ihr Lebens-Designer.** Alles beginnt mit einer Skizze, einem Bild. Zuerst muss die FORM geschaffen werden, in die das Leben sich ergießen kann. BILDER sind die Anweisung des Architekten oder Designers an das Leben: So soll es am Ende AUSSEHEN.

Erinnern Sie sich noch an mein eingangs vorgestelltes Entwicklungsgesetz: **Alles, was sich heraus-BILDen soll, muss erst einmal als inneres BILD vorhan-**

den sein. Ist es jetzt verständlicher? Sind Sie schon dabei, es umzusetzen?

Gehen Sie auch einmal durch Ihre Wohnung und checken Sie, wie viele BILDER Sie da noch an Vergangenheit erinnern und klammern. Es geht beileibe nicht nur um die Pinnwand. „Bilder der Vergangenheit" hängen auch im Kleiderschrank. Räumen Sie auf, misten Sie aus, machen Sie Platz für die NEUEN BILDER, die Symbole Ihres wahren SELBST.

Diese Übung wird eine Menge Stimmen in Ihnen mobilisiert haben. Hören Sie mal hin! Das klingt nach einer ganzen Fußballmannschaft in der Umkleidekabine.

Ja, da sind nicht nur innere Bilder, sondern auch innere Stimmen, die BESTIMMEN, wo's langgeht. Gott sei Dank ist das ein ziemliches Wirrwarr und jeder meint etwas anderes. Höchste Zeit, IHRE Stimme laut zu erheben: „RUHE JETZT. Ab heute habe ICH in diesem Land das SAGEN!"

Die Stimme, auf die Sie ganz besonders achten sollten, ist der „innere Kommentator" (der „Terminator" der inneren Stimmen).

Auf den inneren Kommentator achten

Ob wir es wissen oder nicht, in jedem von uns gibt es eine Instanz, die zu allem etwas zu sagen hat. Dieses innere Reden beeindruckt das Unterbewusstsein ähnlich stark wie das innere Bild. **Deshalb ist es sehr wichtig, dass wir das innere Reden in Einklang bringen mit unseren inneren Bildern und vor**

allem natürlich mit unserer Imagination. Denn wenn Wort und Bild gegeneinander stehen, heben sie sich gegenseitig auf, und wir wundern uns, dass nichts geschieht.

Zunächst müssen wir uns zur Gewohnheit machen, in dieses innere Reden einzugreifen und es entsprechend zu lenken. Ergreifen wir also dieses innere Wort und **führen unsere mentalen Gespräche auf der Basis des erfüllten Wunsches.** So wird das innere Wort mit der Vorstellung des erwünschten Endzustands in Einklang gebracht und die beiden Kräfte verstärken sich gegenseitig, anstatt sich zu behindern oder aufzuheben. „Also Freunde, unser gemeinsames Ziel ist jetzt das Neue Selbstbild zu verwirklichen. Macht alle mit und nutzt alle eure speziellen Fähigkeiten!"

Das wird viel zu wenig beachtet, vielleicht ist es auch zu wenig bekannt, obwohl doch jeder um diese inneren Gespräche wissen muss, da er es immer wieder einmal selbst erlebt. Ist das innere Wort so mit der Imagination des erwünschten Endzustandes in Einklang gebracht, kommt es darauf an, ein möglichst klares Bild zu schaffen.

3. Transzendentale Erfolgs-Techniken anwenden

Lassen Sie mich kurz in Erinnerung bringen, welche Techniken wir in diesem Buch schon kennen gelernt haben (und angewendet – das ist IHR Job):

- die Technik der „Selbstbefragung" im Sinne der Selbstreflexion,
- das Offensein für intuitive Einfälle und Antworten,
- der Arm-Test für JA-/NEIN-Antworten des Körpers,
- Affirmationen als Heilsätze für ein natürliches Wohlstandsbewusstsein,
- der Entwurf eines neuen Selbst-Bildes.

Die nächsten beiden Techniken, denen wir uns jetzt zuwenden sind

- die Macht des **Glaubens** und
- die Magie der **Wandlung.**

Ich kann in Ihrem Gesicht wieder eine leichte Verstörung erkennen: Glaube – Wandlung, wird es jetzt religiös?! Ich verspreche Ihnen, es wird **nicht religiös, sondern transzendental.**

Klären wir zuerst, was Transzendenz ist: Wenn man etwas „transzendiert", dann ÜBERSCHREITET man etwas, man **überschreitet die Grenze** des mit den Sinnen Erfahrbaren, des Oberflächlichen, des Scheins, der äußeren Erscheinung. **Jenseits dieser Grenze** liegt das Wesen, das Eigentliche, die Tiefenstruktur, das SEIN. Viele große Philosophen (wie Platon, Kant,

Hegel, Heidegger oder Jaspers) haben in Ihrer Philosophie das Erkennen dieses „Transzendentalen" ausdrücklich zum Gegenstand ihres Philosophierens gemacht.

Auch in dieser Philosophie geht es um „Glauben", „Intuition", „Wandlung", existenzielles SEIN. Hier berühren sich „transzendentale Philosophie" und Religion. Wenn wir und aus der engen, oberflächlichen Welt des Tuns und Machens befreien wollen in die Welt des SEINS, dann überschreiten wir die Grenze, transzendieren unsere Wirklichkeit. Mit diesen „transzendentalen Erfolgstechniken" betreten wir die Welt des SEINS, die wir dann im dritten Teil noch tiefer ergründen.

Die Macht des Glaubens

Klären wir erst, was wir im säkularisierten Sinne unter GLAUBEN verstehen wollen – unabhängig von religiösen Vorstellungen! Es geht darum, diesen im wahrsten Sinne des Wortes wunder-vollen Begriff für unser Thema zu nutzen!

Glauben ist nicht Meinen

In der Alltagssprache sagen wir oft: „Der weiß es nicht, sondern glaubt es nur." Glauben ist in diesem Sinne ein Nichtwissen, ein Meinen. **Eine Meinung ist jedoch Denken ohne die Wurzel des Glaubens und hat keine wirklichkeitsschaffende Kraft.** Eine Meinung ist eine recht unverbindliche Kraft. Konrad Adenauer, der erste deutsche Bundeskanzler, hat dies in ein treffendes Bonmot gebracht: „Was schert mich mein Geschwätz von gestern?“ Heute meine ich dies, morgen jenes. Übermorgen habe ich keine Meinung und vorgestern gab es über meine Meinung nichts zu diskutieren, war meine Meinung das GESETZ. Punkt.

Meinung ist nicht mehr als ein „Gedankenluftzug“, ein Lüftchen im Winde, bei dem sich vielleicht ein paar Blätter bewegen, aber sich nichts wirklich verändert. Wirksamer Glaube hingegen ist immer verändernd und wirklichkeitsschaffend. Meinen bleibt an der Oberfläche der Erscheinungen, Glaube geht in die Tiefe der Wirklichkeit.

Viele Menschen wechseln ständig ihre Meinung, was für sie gut sei, probieren heute dies und morgen jenes aus und drehen sich ständig im Kreis. In Wirklichkeit verändert sich nichts. **Mit dieser schwachen Energie des Meinens wird keine neue Realität geschaffen.** Das Fähnchen im Wind ist nicht in der Lage, die Windrichtung zu ändern. Glaube ist der Wind, ist der Sturm selbst! Aus diesem einfachen BILD (Sie erinnern sich!) können wir nicht nur erkennen, wie stark und entscheidend der Glaube bei der Schaffung dessen beteiligt ist, was wir Realität nennen, wir sehen auch, dass der Glaube keine konstante Größe ist, sondern ständigen Veränderungen unterworfen, die wir natürlich auch bewusst herbeiführen können. Auch der Wind kann sich drehen.

Glaube ist nicht Zweifeln

Dieses Heute-dies-und-morgen-jenes-Meinen ist **Ausdruck des Zweifelns.** Man zweifelt an allem und jedem. Es könnte so sein oder auch so. Ich könnte DIES machen oder vielleicht lieber doch DAS. **Zweifel zer-**

fleddert die Energie. Das ist kein kongruenter Laser-Strahl, sondern eine inkongruente Funzel, schummriges Leuchten. Laser-Licht brennt neue Wirklichkeiten ein, ein schummriges Leuchten dagegen entschuldigt sich für sein mickriges Dasein im Dunkeln.

Oh, woher kommt plötzlich diese Poesie?! – Ja, wirklich – wir wechseln gerade von der Sprache des Kopfes in die Sprache des Herzens. Und in der Tat ist der Zweifel eine Qualität des Kopfes und des Verstandes (und hat unter Umständen seine Berechtigung), **Glaube jedoch ist eine Qualität des Herzens,** ist das, was wir bei SOKRATES schon als „innere Gewissheit" kennen gelernt haben. INNERE GEWISSHEIT ist eine ganz andere Energie als Zweifel.

Der GLAUBE kommt aus dem SELBST, der Zweifel aus dem EGO. Deswegen ist tiefer, unbeirrbarer Glaube, Treue zu sich selbst, ein zentrales Element für WAHREN ERFOLG.

Wer nicht an den wahren Erfolg glaubt,
wird nie wirklichkeitsschaffenden Erfolg haben!

Schauen wir jetzt genauer hin: **Der entscheidende Faktor bei der Schaffung unserer Realität ist der Glaube.** Das geschieht so selbstverständlich, dass wir es gar nicht mehr bemerken. Ein Beispiel: Sie haben etwas vor – ganz gleich, um was es sich handelt. Das Erreichen einer neuen Position oder eines ganz neuen Arbeitsplatzes, die Verwirklichung eines Projektes oder die Vertiefung einer Beziehung. Wenn Sie nicht wenigstens **glauben,** dass sie etwas erreichen können, würden Sie absolut nichts tun. **Keiner tut etwas, oh-**

ne noch an einen möglichen Erfolg zu glauben. Der Glaube ist so die bildliche Vorwegnahme des Erfolgs.

Der Glaube bestimmt alle Bereiche des Lebens. Bewusst oder unbewusst prüfen Sie zunächst, ob das Vorhaben innerhalb der **Grenzen Ihres Glaubens** liegt. Ist das nicht der Fall, bemühen Sie sich erst gar nicht. Sie nehmen die veränderbare Grenze Ihres Glaubens als gegebene Tatsache.

Liegt das Vorhaben **innerhalb** der Grenzen Ihres Glaubens, befassen Sie sich mit der Planung des ersten konkreten Schrittes. Kaum jemandem ist in dieser Phase bewusst, dass es seine eigene Schöpfung war, das Ziel außerhalb oder innerhalb der Grenzen seines Glaubens zu setzen. Wir stützen uns dabei auf unsere Erfahrung.

Bei der Durchführung des ersten Schrittes auf dem Weg zum Ziel kommt es in jedem Fall bereits zu einer Veränderung im Glauben, der Glaubensgrenze. Sind die ersten Ergebnisse ermutigend, halten wir den Erfolg nicht mehr nur für möglich, sondern nun erscheint er erreichbar.

Wieder haben wir etwas geschaffen, wir haben das Ziel in unsere Reichweite verlegt. Die Erfahrung der ersten Schritte hat unseren Glauben gestärkt und so unternehmen wir weitere Schritte. Irgendwo auf diesem Weg entsteht dann in uns **die Gewissheit, dass wir unser Ziel erreichen werden.**

Wir haben, meist unbewusst, unseren Glauben bereits am Ziel festgemacht und damit ist die Erfüllung bereits geschehen. Unser Glaube hat das

Ziel bereits verwirklicht, nun braucht es nur noch in Erscheinung zu treten. Keinem ist bewusst, dass bereits vor der Planung des ersten Schrittes feststand, ob diese Schritte zum Erfolg führen werden oder nicht, und diese Tatsache kann mit dem **Armtest** auch sichtbar gemacht werden. Mit seiner Hilfe können wir vorher feststellen, ob wir ein Ereignis „her-geglaubt" oder „weg-geglaubt" haben.

Die glaub-würdige Qualität von „Herzzielen"

Wenn Ihre Ziele aus dem HERZEN kommen, dann ist Ihre Glaubenskraft natürlich sehr stark! Anders ist es, wenn Sie Ziele verfolgen sollen, die gar nicht Ihre eigenen sind, sondern Ihnen von anderen aufgesetzt wurden. Da regen sich sehr schnell Zweifel und auch Selbstsabotage!

Wenn Sie an Herzziele glauben, dann glauben Sie an sich selbst! Der Weg zum wahren Erfolg ist der Glaube an sich selbst und an den natürlichen Erfolg.

Dieser Glaube ist **das Erinnern an die eigene, wahre Natur des Menschen.** Wir glauben zu viel an den praktischen Wert des Wissens und wissen zu wenig vom praktischen Wert des Glaubens.

Will ich mit einer Sache Erfolg haben, muss ich davon absolut überzeugt sein. Das allein führt schon zum Erfolg. Je nachdem, ob Sie glauben, eine Aufgabe zu schaffen oder nicht – Sie werden in beiden Fällen recht behalten.

Schon Jesus sagte: „Dir geschehe nach Deinem Glauben." Das ist ein geistiges Gesetz, das auch noch heute gilt. Die Kraft des Glaubens verwirklicht das, wovon Sie innerlich fest überzeugt sind. **Doch der feste Glaube muss scheinbar wirkungslos bleiben, wenn ich die Erfüllung in die Zukunft verlege, während ich in der Gegenwart mein Bewusstsein auf den Mangel richte.**

Wer wirklich glaubt – woran auch immer – setzt dadurch ungeheure Energien frei, die das scheinbar Unmögliche ermöglichen. Der wahrhaft Glaubende hat die Macht, alles zu erwerben oder sich von allem zu trennen.

Die Glaubenskraft stärken

So können wir unseren Glauben an der Erfahrung wachsen lassen oder ihn aus dem gleichen Grund schwächen oder gar auflösen. Wir rücken das, was wir glauben, immer wieder in den Bereich der Tatsachen und dann bestätigt die Realität auch noch diesen Glauben. Das heißt, ob Sie glauben, etwas zu schaffen oder nicht: **Sie werden in jedem Fall Recht behalten.** (Das zu erkennen ist so wichtig, dass ich es nicht oft genug wiederholen kann!) Jedes EGO schafft sich die Welt, in der es immer Recht hat. Es ist wie in einem Spiegelkabinett gefangen und kommt aus dieser ständigen „Selbstbespiegelung“ nicht heraus. Ich kann also auch an meinen eigenen, rechthaberischen Selbstbetrug glauben. Doch irgendwann bricht DAS LEBEN in diesen Selbstbetrug ein, zerbricht die Spiegel und das Kartenhaus des EGO-Erfolgs bricht plötzlich desillusionierend zusammen.

Wenn wir etwas nicht für möglich halten (also eher zweifeln als fest glauben), sollten wir zusätzlich noch unterscheiden, ob wir es **zeitlich oder räumlich weg-**

geglaubt haben. Ist es nur zeitlich weg-geglaubt, können wir es mit der Zeit doch noch erreichen. Haben wir es räumlich weg-geglaubt, ist es für uns unerreichbar, es sei denn, wir glauben es uns irgendwann doch noch näher. Dann wird es erreichbar; oder wir glauben es konkret her, dann wird es Realität. Entscheidend bei all dem ist allein unser Glaube. Wenn wir etwas nicht für möglich halten, finden wir natürlich auch gute Argumente dafür, warum es wirklich nicht möglich ist:

- Die Umstände sind ungünstig oder machen es unmöglich.
- Es fehlt der geeignete Partner/die geeignete Partnerin.
- Es ist zeitlich gar nicht zu schaffen usw.

Kaum jemand macht sich bewusst, dass all dies Variablen sind, die ja gerade von unserem Glauben abhängen, das heißt konkret, von unserem Glauben erst geschaffen werden. **Wenn die Umstände derzeit ungünstig sind, dann heißt das doch nur, dass bessere Umstände geschaffen werden sollten.**

Wenn keine geeignete Partnerin, kein geeigneter Partner zu finden sind, dann ist das doch nur **eine Aufforderung, diese durch entsprechenden Glauben nach dem Gesetz der Resonanz anzuziehen.**

Wenn etwas zeitlich unmöglich ist, dann brauchen wir vielleicht mehr Hände, mehr Geld oder einen neuen Weg, damit wir glauben können, es doch noch in der zur Verfügung stehenden Zeit zu schaffen. **In der Wirklichkeit fehlt es immer nur am Glauben.** Und das liegt meistens an einer mangelnden Verbindung zum Herzen und zu unserem SELBST. (Das Herz ist das Tor zum SELBST.)

Die Geisteskraft des Glaubens schließt uns an die eine Kraft im Universum an, sodass nichts mehr unmöglich ist. Das ist die transzendierende Kraft des Glaubens. Durch den tiefen Kontakt zur Wirklichkeit des SEINS können auch in der Welt der Erscheinung Dinge grundlegend verändert werden. **Wer auf diese Weise WAHREN ERFOLG verursacht, ist nicht stolz und hochmütig – das sind Qualitäten des EGOS –, sondern demütig und dankbar, Qualitäten des SELBST.**

Glaube und Danken

Glaube ist – wenn ich jetzt zur Vertiefung noch eine andere Perspektive wählen darf – kein „Glaube an eine irgendwie positive Zukunft", kein positives, ja naives Hoffen auf eine bessere Zukunft. Das wäre Passivität. Als „innere Gewissheit" ist **Glaube sehr gegenwärtig und wirksam.**

Ich WEISS vielmehr, dass mein Herzziel erreicht wird. Ich kann mich bereits in dieser Situation SEHEN, die Erfüllung des Ziels SPÜREN. Es ist so, als ob das Ziel schon DA wäre. Diese **Einheit von ZIEL und JETZT in der inneren Gewissheit des Herzens** macht einen glaubenden Menschen unendlich dankbar. **Der Sinn seines Dankens** dem Leben gegenüber ist es, dass man bereits für etwas dankt, als ob man es bereits erhalten hat, und damit verlegt man die Erfüllung ins Jetzt.

Wenn Ihr größtes Herzziel ist, jetzt Ihre **Berufung** zu finden und zu leben, dann gewinnen Sie diese „innere Gewissheit", dass das, was Sie da machen möchten, ES IST. Sie können JETZT schon dafür dankbar sein, obwohl sich in der äußeren Welt noch gar nichts getan hat. Sie wissen ganz genau: Es ist nur noch eine Frage der Zeit, wann Ihre wachsende innere Größe sich auch im Außen manifestieren kann.

Ihre Zukunft anprobieren

Nehmen Sie sich einmal zwei Stunden Zeit, ziehen sich zurück, sodass niemand Sie stören kann, und gehen Sie in die Stille. Dann stellen Sie sich einmal vor, wie es ist, wenn Sie Ihre Berufung leben. Ziehen Sie sich verschiedene „Arten Ihrer Berufung“ wie Kleidungsstücke an, um auszuprobieren, was wirklich passt.

In diesen zwei Stunden sind sie sozusagen in einer Umkleidekabine, haben vielleicht fünf verschiedene Varianten Ihrer möglichen Berufung am Kleiderhaken und probieren jetzt eine nach der anderen aus. Ich verspreche Ihnen: Wenn Sie diese Übung lange genug machen (unter zwei Stunden ist selten ein Resultat zu erwarten), dann haben Sie Ihre Berufung durch innere Gewissheit gefunden! Sie werden felsenfest daran glauben können: **Das ist es!**

Durch die Gefühle von **Freude und Dankbarkeit** signalisiert Ihnen Ihre Seele, dass Sie „beim Anprobieren“ das Richtige gefunden haben. Sie werden es erleben!

Halten wir fest:

Wissen stellt Tatsachen fest – Glaube schafft Tatsachen

Glauben Sie an Ihre Berufung?
Ich meine, so R-I-C-H-T-I-G?

Spüren Sie, dass Sie diese Frage gar nicht beantworten können, wenn Sie rein rational an diese herangehen? Zweifel kommen auf … Was sagen „die anderen“? … Werde ich es schaffen? … Bin ich dem gewachsen? … (Sie WACHSEN doch gerade, um den Aufgaben der Berufung GEWACHSEN zu sein.)

Und jetzt gehen Sie in Ihr Herz. Geben Sie die Antwort aus Ihrem Herzen, kommen Sie zur inneren Gewissheit, wo Sie für Ihre Berufung sogar sterben würden. Kommt da Angst auf? Oder Dankbarkeit und Freude? Sehen Sie! Wir sind auf dem besten Weg zum wahren Erfolg!

Doch jetzt kommt für Ihren Glauben erst einmal starker Tobak!

Die Magie der Wandlung

Was würden Sie sagen, wenn Ihnen jemand **einen Zauberstab** gäbe, mit dessen Hilfe Sie alle unerwünschten Ereignisse Ihres Lebens jederzeit sofort ändern könnten?
Nun, Sie haben diesen Zauberstab bereits, Sie sind damit geboren, aber nur wenige erkennen, was sie da zur Verfügung haben. Um diese Fähigkeiten zu aktivieren, sind keine geheimen Einweisungen notwendig, keine entbehrungsreichen Jahre im Himalaja. Sie brauchen nur anzufangen, von Ihren Fähigkeiten weisen Gebrauch zu machen. Denn Sie besitzen etwas, das die übrige Natur nicht besitzt, nämlich die Fähigkeit zu denken, die Möglichkeit der Imagination und die Macht Ihres Glaubens. Mit diesen fast unbegrenzten Möglichkeiten Ihres Denkinstruments bestimmen Sie

Ihr ganzes Leben und es ist für Sie zudem völlig gefahrlos, davon Gebrauch zu machen.

Machen Sie sich einmal bewusst, dass Sie zwar viele Ereignisse in Ihrem Leben nicht beeinflussen können, wohl aber ihre Einstellung zu diesen. Die meisten Menschen haben die Angewohnheit, Ereignisse für sich negativ zu bewerten. Der Chef ist beispielsweise sauer, zieht ein langes Gesicht, ist mürrisch und nicht zum Aushalten. Keiner weiß, was mit dem los ist. Wir sind felsenfest davon überzeugt, dass wir selbst die Ursache der Verärgerung sind. Wir werden unsicher und fragen uns innerlich, was wir denn jetzt schon wieder falsch gemacht haben. Solche **eingebildeten Gedanken** verfolgen uns den ganzen Tag. Sie rauben uns die gute Stimmung.

Wir werden es kaum vermeiden können, dass irgendjemand in unserer Umgebung mal keine gute Laune hat. Aber es liegt in unserer Hand, ob wir uns davon beeinflussen lassen. Mit anderen Worten: Welche Einstellungen oder Gefühle wir zu Ereignissen in der Welt haben, können wir selbst bestimmen. Wir haben erstens grundsätzlich die Wahl, Ereignisse positiv oder negativ zu bewerten. Wir haben aber auch die Wahl, einmal negativ bewertete Ereignisse in neuem Licht zu sehen und jetzt positiv zu bewerten. Das ist die Magie der Wandlung.

Dies ist ein Weg, wie man jedes Spiel im Leben gewinnen kann. Denn Sie bestimmen die Richtung, in die sich ein Ereignis oder eine Situation entwickelt. Es ist die Magie der bewussten Wandlung, so dass Sie **Selters in Sekt verwandeln können, Misserfolg in Erfolg, einen Verlust in Gewinn, ein schmerzliches**

Ereignis in ein wertvolles Geschenk.

Ganz gleich, was gerade in Ihrem Leben geschieht, machen Sie sich bewusst, dass Sie daraus einen Erfolg machen können. Nehmen Sie das zu wandelnde Ereignis in Ihr Bewusstsein und stellen Sie sich drei Möglichkeiten vor, wie daraus ein Erfolg für Sie werden kann. Erleben Sie jede dieser Möglichkeiten ganz lebendig und in allen Einzelheiten und beenden Sie jede dieser Vorstellungen mit einem starken Gefühl der Dankbarkeit dafür, dass Sie wieder einmal Erfolg hatten.

Das Gefühl der Dankbarkeit ist – wie wir schon erkannt haben – besonders wichtig, damit nicht unbewusst der Gedanke auftaucht: Hoffentlich klappt es auch diesmal. Dieser Gedanke des Zweifels würde das Ereignis ins Gegenteil verkehren. **Dankbar ist man für etwas, das man bereits erhalten hat, und so geschieht auch Wandlung in Richtung Erfolg.** Bestimmen Sie mit Ihrer Vorstellung genau, welche Art Erfolg Sie wünschen, und es wird genau so geschehen. Sie können so jeden Misserfolg in einen Erfolg umwandeln. Noch besser ist es, gar nicht erst einen Misserfolg abzuwarten, sondern gleich Erfolg in einer Sache zu verursachen.

Die Magie der Wandlung in der Praxis: Das mentale „Umerleben“

Hier möchte ich Ihnen einige Beispiele und Anregungen geben, wie sie alles in ihrem Leben positiv umbewerten und UMERLEBEN können.

Auch bei dieser transzendentalen Technik werden Sie vermutlich zuerst einmal denken: Das ist doch nur

Einbildung, da betrüge ich mich doch nur selbst! Mir ging es früher doch nicht anders! Lassen Sie mich Ihnen aber Folgendes zu bedenken geben, damit Ihr Denken gleich der richtigen Richtung folgt.

Stellen Sie sich dies vor und lassen Sie uns gemeinsam spielen: **Sie leben in einer absolut vollkommenen Welt!** Das ganze Leben, das ganze Spiel, hat nur das eine Ziel, dass Sie selbst **immer vollkommener werden** (nennen Sie es: reifen, erwachsen werden, an Weisheit gewinnen, Ihre Potenziale immer mehr verwirklichen, wie auch immer). Das Vollkommene an diesem Spiel besteht darin, dass alles dieser Vervollkommnung dient. Alles, was da scheinbar so unvollkommen ist (so schmerzhaft, so traurig, so ärgerlich, so unbefriedigend, so ungenießbar, was auch immer), ist nichts anderes als die Energie-Spannung, die zur Vollkommenheit führt. RICHTIG! SIE HABEN ES ERFASST! **Das Unvollkommene ist ein Teil der Vollkommenheit.**

Darauf beruht die ganze transzendentale Technik der mentalen Umwandlung. Wir werden uns bewusst, dass das scheinbar so Unvollkommene nichts anders als ein Teil der Vollkommenheit ist. **Und wir wandeln das scheinbar Unvollkommene in wahrhaft Vollkommenes.** Das ist keine Einbildung, sondern die wirkliche Bedeutung des Ereignisses.

❖ Das mentale Umerleben des vergangenen Tages

Diese erste Übung möchte ich Ihnen ganz dringend empfehlen, um sich mit der Technik des mentalen Umerlebens wirklich vertraut zu machen.

Schreiben Sie sich zunächst einmal auf, was Sie gestern wirklich gestört hat, machen Sie also eine Liste der „Unvollkommenheiten" des gestrigen Tages. Dann schreiben Sie rechts daneben, wie Sie sich dabei gefühlt haben. Prüfen Sie bitte jedes Mal, ob auch andere Gefühlsreaktionen möglich gewesen wären. Überlegen Sie jetzt bitte, wie sie mit diesen Situationen und Störungen wirklich meisterhaft, in vollkommener Weise umgegangen wären. Wenn Ihnen das noch schwer fällt, fragen Sie sich einfach: Wie wäre Jesus mit der Situation umgegangen? Was hätte ER getan?

störende Situation:	**meine Reaktion:**	**meisterhafte Reaktion:**
Kind hat sein Zimmer nicht aufgeräumt	Wutausbruch: Wie oft soll ich dir noch sagen …?	Angebot an das Kind: Wann sollen wir dein Zimmer zusammen aufräumen?

Wenn Sie den mentalen Teil dieser Übung beendet haben, finden Sie in der rechten Spalte Ihre idealen Reaktionen auf die einzelnen Störungen an diesem Tag. Jetzt kommt es noch darauf an, **diese neuen Interpretationen auch in Ihrer Gefühlswelt zu verankern.**

Machen Sie es sich bequem, schließen Sie Ihre Augen und lassen Sie nun **den idealen Film ihres gestrigen Lebens an Ihrem inneren Auge vorbeiziehen.** Machen Sie das bitte so oft, bis auch Ihre Gefühle mitspielen. Beenden Sie diese Übung also erst dann, wenn Sie ein richtig gutes Gefühl haben, wie Ihr gestriger Tag in seiner ganzen Vollkommenheit hätte sein können. Lassen Sie sich dabei ruhig auch zu Sätzen hinreißen wie: Mein Gott, bin ich gut!

Das wirklich Großartige daran ist, dass Ihr Unterbewusstsein zumindest verwirrt ist, welchen der beiden Tage es nun wirklich erlebt hat. Es kann zwischen wirklichen Erfahrungen und Fantasieerlebnissen kaum unterscheiden. So hatte es irgendwie den Eindruck, dass Sie zu einem meisterhaften Leben fähig sind, auch wenn es bisher nur ein Tag gewesen wäre.

Wenn Sie diese Übung regelmäßig durchführen, werden sie zweierlei feststellen: **Erstens beherrschen Sie dieses Umerleben immer besser, überzeugender, und zweitens werden Sie auch im wirklichen Leben immer besser und vollkommener.** Sie brauchen immer weniger mental umzuerleben. Ihr Leben wird so von Tag zu Tag meisterlicher. Allmählich werden Sie alle Ereignisse auf diese Art und Weise sofort umerleben, bevor sie zu Ihrem Schicksal werden.

❖ Die Vergangenheit bewältigen

Wenn Sie so gelernt haben, jeden vergangenen Tag auf diese Weise positiv zu erleben, **können Sie ganze Lebensabschnitte neu interpretieren** und in Ihrer Gefühlswelt verankern, z. B. das vergangene Jahr. Was ist im letzten Jahr nicht optimal gelaufen?

Machen Sie so doch einmal **eine mentale Frühjahrskur.** Nehmen Sie die wichtigsten Erlebnisse im vergangenen Jahr, die sie seinerzeit unglücklich interpretiert haben und deuten Sie diese heute positiv neu. Wie wäre es – aus Ihrer heutigen Sicht – vollkommen gelaufen?

❖ Mentale Rückversetzung

Diese Übung hilft, Vergangenes wieder zu erleben. Sie ist nicht spektakulär. Es ist eine Sondersituation, wenn Menschen etwas verloren haben: Wo habe ich meinen Schlüssel? Den Pass? Tickets? Sie versuchen sich zu erinnern, was genau Sie getan haben. Das besondere an unserer Übung ist aber, dass sie sich nicht erinnern sollen, sondern die Vergangenheit wieder erleben. Welche Gefühle hatten sie in der Situation? Welche Geräusche waren wahrzunehmen? Wie hat sich die Kleidung auf Ihrer Haut angefühlt?

Oder Sie versuchen die Situation wieder zu beleben: Wie hat der andere das damals gemeint? Wie genau ist es abgelaufen?

❖ Das mentale Vorauserleben

Ganz spannend wird diese Technik, wenn Sie mit Ihren Gedanken nicht in die Vergangenheit gehen, sondern in die Zukunft. So völlig verdreht ist das gar nicht, auch wenn es sich im ersten Moment so anhört. Die meisten Menschen sind häufig mit ihren Gedanken in der Zukunft. Sie machen sich Sorgen darum, was passieren könnte. Und häufig gehen sie von dem schlimmsten Fall aus, der eintreten könnte.

Genauso können Sie es sich zur Gewohnheit machen, **nicht das Schlimmste, sondern das Beste von ihrer Zukunft zu erwarten.** Kreieren Sie so ständig positive Zukunftsszenarien.

Fragen Sie sich: Was kommt heute oder morgen Besonderes auf mich zu? Wie verhalte ich mich in dieser Situation optimal? Wenn Sie die vergangenen Übungen wirklich durchgeführt haben, dann werden Sie sich diese Zukunftsszenarien nicht nur ausdenken, sondern so intensiv als inneren Film erleben, als wären sie schon wirklich geschehen. **Und jetzt dürfen Sie sich auf ein Wunder gefasst machen: Je intensiver Sie Ihre Zukunft vorauserleben können, desto sicherer trifft sie dann auch so ein.**

❖ Mental in Wunscherfüllung versetzen

Gehen wir noch einen Schritt weiter: Wir haben nun gelernt, mit unseren Gedanken positiv auf die Zukunft einzuwirken. Das sollten wir ab jetzt systematisch mit allen unseren Wünschen versuchen. Aber Achtung! Es geht mir jetzt nicht darum, auf diese Weise die Erfüllung der Wünsche zu verursachen. Wir können mit dieser Technik auch erkennen, **ob unsere Wünsche auch wirklich positiv für uns sind. Mancher ist vom Leben dadurch „bestraft“ worden, dass seine Wünsche in Erfüllung gingen.**

Versetzen Sie sich also in die Situation, als ob ein Wunsch in Erfüllung gegangen wäre. Und jetzt prüfen Sie, wie Sie sich dabei wirklich fühlen. Gehen Sie ganz in die Situation des erfüllten Wunsches hinein: Fühlen Sie sich wirklich glücklich?

Manch einer hat beispielsweise einen Menschen geheiratet und diese Entscheidung führte für ihn zu einem bösen Erwachen. Danach hat es Jahre gedauert, sich zu trennen und wieder ein neues Leben beginnen zu können. So wurden Jahre des Lebens verschenkt.

Durch die vorgestellte Wunscherfüllung können Sie sich viele Enttäuschung im Leben ersparen und wahre von falschen Wünschen unterscheiden lernen.

Fragen Sie sich dabei immer: Bringt mir das wirklich die Erfüllung? Lohnt sich der Aufwand, der erforderlich wäre?

❖ Gewohnheiten erkennen und ändern

Oft stören wir uns selbst an schlechten Gewohnheiten. **Auch beim Verändern unserer Gewohnheiten ist das mentale Umerleben eine großartige Hilfe.** Stellen Sie sich einfach vor, sie hätten sich die neue Gewohnheit bereits zugelegt. Sehen Sie sich in verschiedenen Situationen, wie Sie sich jetzt anders verhalten können. Denken Sie daran: Vorstellen allein reicht nicht, sie müssen es richtig fühlen, in Ihrer Gefühlswelt verankern.

Ich kann Ihnen nicht garantieren, dass sie so die alte Gewohnheit sofort verlieren, aber mit diesem mentalen Umerleben geht alles leichter, einfacher. Man muss für neue Verhaltensgewohnheiten einfach reif sein. Man kann nichts Neues auf Dauer erzwingen. Aber wenn wir reif sind, dann sind wir mit mentalem Umerleben einfach auf der Überholspur.

So lässt sich Erwünschtes festigen und Unerwünschtes auflösen. Durch ständige Wiederholung und mentale Unterstützung prägen sich so neue Verhaltensmuster ein. Auf diese Weise können Sie sich ständig vervollkommnen, werden immer mehr der „vollkommene Mensch“, als der Sie gemeint sind. Gehen Sie dann noch einen Schritt weiter:

❖ Selbsterziehung durch mentales Umerleben

Sie kennen sicherlich den Spruch:

„Wer heute einen Gedanken sät,
der erntet morgen die Tat,
übermorgen die Gewohnheit,
danach den Charakter
und endlich sein Schicksal."

Wenn Sie diese Technik des mentalen Umerlebens konsequent und beharrlich anwenden, „neue Gedanken säen", dann können Sie Ihr ganzes Leben ändern, Ihren Charakter, Ihr „Schicksal".

Ersetzen Sie so alle Eigenschaften, die unerwünscht sind. Machen Sie es sich zu ihrem Hobby, **den eigenen Charakter zum Ideal hin zu formen.** Sie werden bald feststellen: Indem ich mich selbst verändere, ändere ich mein Schicksal, denn die Lebensumstände sind nur ein Spiegelbild Ihrer bisherigen Art.

❖ Beruf als Trainingsfeld für die Berufung

Die wichtigste Übung in unserem Buch kommt jetzt erst: Nehmen Sie einmal Ihre ganzen Berufserfahrungen und ihre berufliche Laufbahn ins Bewusstsein. **Und jetzt bewerten Sie diese berufliche Vergangenheit einmal so um, dass sie Teil ihrer beruflichen Wunschbiografie wird.** Stellen Sie sich vor, Ihre berufliche Vergangenheit ist nichts anderes als **die perfekte Ausbildung für Ihre Berufung.**

So offenbart sich Ihnen das Vollkommene im Unvollkommenen: Wenn Sie alles unter der Perspektive sehen: „Das war eine vollkommene Lektion für mich, damit ich all das lerne, was ich für meine Berufung brauche", dann können Sie Ihre ganze Vergangenheit in Dankbarkeit und Freude loslassen. **Dann hat Sie Ihre Vergangenheit nirgendwo anders hingeführt als auf den Platz, auf dem Sie heute stehen – und das ist der ideale Platz für den nächsten Schritt in Ihre Berufung.**

„Was für die Raupe das Ende der Welt ist,
nennt der Meister einen Schmetterling."
(aus: Richard Bach, „Illusionen")

Wir nennen die Wandlung der Raupe zum Schmetterling eine **Metamorphose.**

Es ist ein schönes Bild, das wohl auch zu Ihrem Leben passt: Der Kokon, Ihre gegenwärtige Lebensform, wird Ihnen zu eng, Sie werden immer kraftvoller, bis Sie in der Lage sind, den Kokon (Ihre Fesseln) zu sprengen. Aus der Unbeweglichkeit kommen Sie in ein ganz neues SEIN. Es ist wie ein Wunder, Sie können fliegen. Doch bevor der Schmetterling fliegen kann, muss der Kokon zerstört werden. Es scheint nur so, als ob die Welt unterginge. Sie **„ent-falten"** nur die innere Stäke, die Sie als wunderschöner **Falter** brauchen, um fliegen zu können.

Metamorphose ist ein anderes Wort für Transzendenz.

Teil 3

Berufung heißt Erfolg SEIN

1. Erfolg SEIN statt machen

In dieser Spielrunde kommen wir **zur finalen Erklärung (auf die Sie schon lange warten), dass Erfolg nicht machbar ist.**

Der MACHER ist immer das Ego, aber **das EGO kann keinen wirklichen, nachhaltigen, für alle gewinnenden Erfolg bewirken, also das, was wir als WAHREN Erfolg bezeichnet haben.** Die angestrebten Ziele des Egos sind – wenn es um die wirklich GROSSEN Ziele, nicht die kleinen Tageserfolge geht – immer auf Sand gebaut. Warum? Weil DAS GROSSE UND GANZE sich seinem Einfluss entzieht. Das Ego zeichnet sich gerade dadurch aus, dass es sich als GETRENNT vom GROSSEN UND GANZEN versteht.

Schon in einer Partnerschaft mit zwei Menschen haben wir es mit zwei Egos zu tun. Ego-Ziele in der Partnerschaft durchsetzen heißt, den anderen durch offene Gewalt (meistens die männliche Variante) oder verdeckte Manipulation (meistens die weibliche Variante) des anderen Egos für die Ziele des eigenen einzuspannen. Doch jede auf Gewalt oder Manipulation beruhende Erreichung von Zielen ist auf Sand gebaut. Plötzlich trennt sie sich von ihm, er fällt aus allen Wolken, war er doch mit der Beziehung vollkommen zufrieden, sah seine Ziele erreicht – und dann dieser Zusammenbruch! Sie alle kennen solche oder ähnliche Geschichten. Der scheinbare Erfolg bricht plötzlich wie ein Kartenhaus zusammen.

Wenn wir dann das Glück haben, dass zwei Menschen ihre beiden Egos zu einem WIR transzendieren können, dann wird dies oft zu einem „Egoismus auf höherer Ebene“: Wir gegen den Rest der Welt.

Wir können also unsere These „Erfolg ist nicht machbar“ etwas konkretisieren: Wenn das EGO aus seinem sehr engen, autonomen Einflussbereich heraus- und mit anderen Menschen in Beziehung tritt, dann kann das EGO nur Gewalt, Krieg, Kampf, Druck, Manipulation, Missbrauch einsetzen, um „seine Ziele“ durchzusetzen. Das EGO kann nicht die Perspektive des GANZEN einnehmen (sonst wäre es kein EGO), sondern nur seine eigene, beschränkte Perspektive. Doch irgendwann bekommt es die Rechnung des GANZEN. **Oberflächlich mag das EGO eine Zeit lang Erfolg haben, doch dann kommt irgendwann unweigerlich der Zusammenbruch.** Das ist ein Gesetz, das eine noch tiefere Wahrheit birgt als unsere Erfolgs-Regeln.

Wie kommen wir aus diesem Dilemma heraus? Wie können wir WAHREN ERFOLG verursachen, ohne ihn MACHEN ZU WOLLEN?

Leben aus dem SEIN (dem TAO)

Wir sind keinesfalls die Ersten, die diese Frage stellen. Sie ist in Wahrheit so alt, wie die Menschheit in der Lage ist, sich Gedanken über sich selbst zu machen (der „Homo sapiens sapiens“: der Mensch, der weiß, dass der weiß). Die vielleicht schönste Antwort kommt aus dem Taoismus oder Daoismus, einer mythischen Lehre aus China, die Lao-Tse und dem berühmten Werk „Tao-te king“ zugeschrieben wird (etwa 400 v. Chr.). Dem Taoismus haben wir z.B. auch das sehr populär gewordene YIN-YANG-Prinzip zu verdanken.

Im TAOISMUS nennt man dies „Machen ohne zu wollen“ WU-WEI: Es bedeutet TUN, ohne zu tun; tun, ohne eine bestimmte Absicht zu verfolgen; **tun ohne machen.** Das klingt nach Quadratur des Kreises, ich will es Ihnen aber zunächst erklären.

NICHT-TUN ist vor allem nicht zu verwechseln mit „Nichtstun“. NICHT-TUN meint keine Passivität, sondern Aktivität, jedoch aber kein **eigenwilliges Tun, sondern ein „Tun, was zu tun ist“.**

In unserer Begrifflichkeit würden wir sagen:

- MACHEN ist ein vom Ego motiviertes Handeln. NICHT-TUN ist ein aus dem SELBST motiviertes Handeln.
- MACHEN ist „Mein Wille geschehe!“ NICHT-TUN ist „DEIN Wille geschehe“.
- MACHEN ist „Bestimmer“ spielen („Mein Wort ist das Gesetz!“). NICHT-TUN ist seine Bestimmung leben (Leben nach den geistigen Gesetzen).
- MACHEN ist Gott spielen. NICHT-TUN ist mit Gott verbunden sein.
- MACHEN ist Kontrolle ausüben wollen, NICHT-TUN ist vertrauensvoll geschehen lassen.
- MACHEN ist Ego-Ziele verfolgen. NICHT-TUN ist einem höheren Zweck dienen.

Aber wir müssen hier noch einen scheinbaren Widerspruch auflösen, damit wir diesen Unterschied richtig verstehen. „DEIN Wille geschehe!“, also sich zum

Werkzeug der Schöpfung zu machen, seinen bestimmten Platz in der Evolution einzunehmen, läuft auf den Satz hinaus: **„DEIN Wille ist auch meiner."** Es gibt da keinen Widerspruch!

Das SICH-TRENNEN vom GROSSEN UND GANZEN, die Eigenwilligkeit des Egos, verursacht Leid und Schmerz, Unstimmigkeit und Disharmonie. Die Unterordnung des Egos unter das SELBST verursacht Stimmigkeit, Freude, Harmonie – nicht nur für mich, sondern für ALLE. **Ich finde meinen Platz als Teil im Ganzen. Das ist unser Spiel, Sie erinnern sich.**

Der entscheidende, transzendierende Schritt zum wahren Erfolg heißt also: Leben im TAO, Leben aus dem SEIN: seine Mitte finden und aus dieser Mitte heraus leben. Zu wissen, dass **der Weg das Ziel ist** und solange man auf dem Weg ist, ist man am Ziel, und das Leben ist, der individuelle Einweihungsweg. Das bedeutet auch, **den Weg zu genießen** und **in der Leichtigkeit des Seins** zu leben. Sie können entscheiden, ob es ein schwerer Weg sein wird oder ob Sie voller Freude die Hauptrolle spielen und den Weg genießen – Sie haben die Wahl.

WU-WEI ist ein Zustand bewusster und hellwacher Gelassenheit, in dem man die Dinge gewissermaßen geschehen lässt. Dieser Zustand hat also nichts mit Passivität zu tun, sondern man handelt so, dass die Dinge entsprechend ihrer inneren Wirklichkeit geschehen. **Praktiziertes WU-WEI verleiht jedem echte, nicht von außen verliehene Macht und Autorität, ist frei von Eitelkeit und Gewinnsucht.**

Zum Leben im TAO gehört auch die Kultur des Genießens, eine Kunst, die es zu erlernen gilt. Wir werden in der dritten Spielrunde dieses Teils noch einmal darauf zurückkommen.

Abschied vom Machbarkeitswahn

Machen wir uns bewusst: Das größte Erfolgsprojekt ist die EVOLUTION, die Schöpfung selbst. Was könnte diese Erfolgsstory übertreffen? Gewiss, auch hier hat es Katastrophen gegeben (denken Sie an das Aussterben der Dinosaurier), auch die Evolution hat aus Fehlentwicklungen lernen müssen.

Die große Frage ist: **Ist die Menschheit eine Fehlentwicklung der Evolution?** Ist sie gar ein Störfaktor auf dem Planeten Erde? Oberflächlich sieht es so aus! Das menschliche Treiben waltet unkontrolliert und scheinbar unaufhaltsam auf dem Leib des Planeten: ausufernde Städte, Abholzen von Wäldern und Ausweitung von landwirtschaftlichen Flächen, Ausbreiten der Wüsten, restlose Ausbeutung der Ressourcen (nicht nur Öl und Wälder, viel schlimmer noch Süßwasser).

Das ist aber nicht das WESEN DES MENSCHEN, des „homo sapiens sapiens". Denn wir sind in der Lage, auch unser globales Fehlverhalten zu reflektieren und zu korrigieren. Und so können wir erkennen: Unsere egozentrische Erfolgsphilosophie ist die Ursache dafür, dass wir vor einer globalen Katastrophe stehen. **Wir bekommen die Rechnung für unseren MACHBARKEITSWAHN präsentiert.**

Die verheerende Wirkung von „Mein Wille geschehe!“ ist also nicht nur im Zusammenbruch von Kartenhäusern im privaten Bereich zu erkennen, sondern besonders alarmierend in der planetaren Perspektive.

Erst wenn wir durch die globale Krise wachgerüttelt werden und aus unserer Machbarkeits-Trance **aufwachen,** können wir uns wieder in das große Erfolgsprojekt EVOLUTION und Schöpfung **integrieren.** Dann ist **schöpfungsgerechter Erfolg,** dann ist eine sprunghafte und harmonische Fortsetzung der Evolution auf dem Planeten Erde möglich, dann haben wir die aktuelle und dramatische Krise der Menschheit gemeistert.

Das Gesetz der BERUFUNG

Es gibt im frühen Christentum einen Satz, der sicherlich nicht leicht zu verstehen ist:

„Wenn du hervorbringst, was in dir ist,
wird das, was du hervorbringst, dich retten.
Wenn du nicht hervorbringst,
was in dir ist, wird das, was in dir ist,
dich zerstören.“
(aus dem „Thomasevangelium“)

Es gibt jedoch eine einfache Interpretation des Satzes, die sowohl für die Menschheit als Ganzes zutrifft wie für jeden Einzelnen. Dieser Satz lautet: **Entfalte dich oder stirb!**

Wir könnten diesen Satz als **„evolutionären Imperativ“** verstehen: Wenn die Menschheit jetzt nicht über sich hinauswächst, dann war es das. Dann ist bald Sendeschluss. Dann wären wir auf diesem Planeten nur eine Episode wie die Dinosaurier. Die Natur wird überleben. Doch wir haben das POTENZIAL, diese Krise zu meistern, uns zu entfalten.

Diesen Satz „Entfalte dich oder stirb!“ (bzw. den gleichsinnigen Satz aus dem Urchristentum) möchte ich als das „Gesetz der Berufung“ bezeichnen. **Lebe deine Berufung oder stirb!** Der Satz bringt das ganze Drama auf den Punkt.

Immer mehr Menschen erfahren diese Wahl, diese entscheidende Lebensfrage immer deutlicher. So hat Barbara Marx Hubbard (die 1984 von den Demokraten in Amerika zur Vizepräsidentin nominiert wurde) diese Entscheidung im Alter von 50 zu Beginn ihrer Menopause sehr eindringlich in Ihrem Buch „Vom Ego zur Essenz“ beschrieben (S. 162):

Eines Tages war ich gerade in meinem Keller am Aufräumen, als mir plötzlich eine verführerische Stimme ins Ohr flüsterte: „Möchtest du sterben?“ Das Angebot war verlockend, doch ich spürte in mich hinein und stellte fest, ich habe noch kaum angefangen. „Möchtest du Krebs bekommen oder möchtest du dich verjüngen?“, fuhr die Stimme fort. Ich war schockiert. „Ich wusste gar nicht, dass ich diese Wahl habe“, antwortete ich innerlich. „Du hast sie“, wurde mir geantwortet. „Krebs ist der panische Versuch des Körpers, ziel- und planlos zu wachsen. Verjüngung entsteht, wenn du dich dafür entscheidest, den tieferen Plan deiner eigenen Evolution zu aktivieren. Die Tendenz zum Krebs wird zur Regeneration deiner Zellen umgewandelt, solange du bereit bist, deiner höheren Bestimmung zu folgen. Der Tod kommt, wenn du dich entscheidest, es nicht mehr zu tun. Du wirst so lange leben, wie du schöpferisch tätig bist. Die Menopause führt so zur Metamorphose.“

Jeder steht vor dieser Wahl. Aber selten ist sie so klar beschrieben worden. Jeder kann diese Metamorphose von der Raupe zum Schmetterling selbst initiieren, sich wandeln und zu ganzer Größe entfalten.

Wir müssen uns entscheiden, ob wir unserem Ego oder unserem authentischen Selbst (es wird auch ESSENZ oder WESEN genannt) dienen wollen. Das ist die Entscheidung. Dann können wir loslassen. **Dann geschieht Erfolg von selbst, oder präziser: VOM SELBST.**

„Geschehen lassen“ führt zur Gelassenheit

In Südindien benutzt man eine Falle zum Affenfang, die auf dem einfachen Prinzip des Nicht-Loslassens basiert. Eine hohle Kokosnuss mit einem Loch wird an einen Baum gebunden und mit einem Leckerbissen gefüllt. Ein Affe greift in die Kokosnuss hinein, packt den Leckerbissen und kann die geballte Faust nicht mehr aus dem engen Loch herausziehen. Er tobt, schreit, beißt und versucht alles, was in seinen Kräften steht, um sich aus der Falle zu befreien, doch vergebens. Nur das Loslassen des Leckerbissens könnte ihn retten, doch je mehr er sich bemüht, desto fester ballt er die Faust. So wird ihm schließlich seine Gier und die Bindung an den Leckerbissen zum Verhängnis.

In ähnlicher Weise schlagen auch wir uns oft mit Hindernissen herum, können „Leckerbissen“ nicht loslassen, rennen durch unsere Gier ins Verderben. Im

Grunde funktionieren alle Fallen auf dem spirituellen, auf dem evolutionären Weg nach diesem simplen Prinzip.

Durch Loslassen gelangen wir zu Gelassenheit. **Panik** (die Logik des Krebses) löst sich auf. Gelassen sein heißt, die anderen und sich selbst so lassen können, wie sie sind – sich selbst annehmen, wie man ist.

Häufig wird Gelassenheit mit Lässigkeit oder gar Nachlässigkeit verwechselt. In Wirklichkeit kommt Gelassenheit aus der Ausgeglichenheit von Seele und Geist. Gelassenheit ist etwas Herrliches und der reinste Ausdruck seelischer Gesundheit. Sie wird bewundert und von den meisten Menschen ersehnt. Wer gelassen ist, hat eine hohe Stufe menschlichen Seins erreicht – ist **seelisch unverwundbar** geworden.

Gelassenheit hat auch nichts mit einem dicken Fell zu tun. Wer ein dickes Fell besitzt, ist nur dickhäutig und damit stumpf. Auch wer sich einredet, dass er über den Dingen steht, weil er Erfolg im Leben hat oder hohes Ansehen genießt, ist deshalb noch nicht gelassen. Diese zur Schau gestellte Scheingelassenheit bricht unter Belastungen schnell zusammen. **Wahre Gelassenheit ist deshalb so selten, weil sie nicht durch einen Schnellkurs in Psychotechnik erworben werden kann, sondern nur durch eine Änderung meines Verhaltens.** Gelassenheit stellt sich nicht von selbst ein, sondern ist ein Ausdruck geistig-seelischer Größe. Je mehr ich ICH-SELBST bin, desto gelassener bin ich.

Das Hunza-Geheimnis – Ruhen im Tun

Die „Hunza“ sind als „Volk ohne Krankheit“ und ohne Ärzte berühmt geworden. Sie leben in einer Gebirgslandschaft des Himalaja in rund 4000–5000 Meter Höhe im nördlichen Kaschmir (Karakorum, pakistanischer Teil). Sie sind eine sprachlich und ethnisch isolierte Volksgruppe mit eigener Kultur. Sie verdanken ihre Berühmtheit vor Jahrzehnten einer vernünftigen Hygiene und Ernährungsweise.

Die Hunza leben (besser gesagt: lebten, denn die „Cola-Kultur“ hat sie in zwischen auch erreicht) in ständiger Harmonie und bleiben auch bei der Arbeit vollkommen entspannt. Je größer die Belastung, desto größer ist ihre Entspannung. Das Ergebnis ist ein ständiges Gleichgewicht der Kräfte und damit Harmonie. Es ist ein **Leben in ständiger Meditation.**

Diese Belastungs-Entspannungs-Harmonie bewirkt, dass alles Tun in einem Bewusstsein der Ruhe und Stille geschieht. „Je mehr ich tue, desto größer die Ruhe“, könnte ihr Leitspruch sein. Natürlich ist in einem solchen Bewusstsein Stress völlig unmöglich. **Da so das Bewusstsein immer in Harmonie, also heil ist, überträgt es seine Harmonie, sein Heilsein ständig auf den Körper.**

Man kann sagen, **es geschieht ständig Heilung im Körper.** Eine Krankheit kann so gar nicht aufkommen, braucht also auch nicht geheilt zu werden, weil ja Heilung und Verjüngung ständig geschieht.

Selbst-Bewusst-SEIN: Wie aber werde ich ICH-SELBST?

Da ICH-SELBST schon BIN und schon immer war, brauche ich es nicht mehr zu werden, ich brauche nur **zuzulassen,** wirklich ICH-SELBST zu sein. Das erreiche ich, indem ich alles loslasse, was nicht oder nicht mehr zu mir gehört. Indem ich so eins nach dem anderen loslasse, werde ich immer mehr ICH-SELBST und damit immer gelassener, aber auch immer herzlicher. Ich brauche mich dann nicht mehr darum zu kümmern, ob etwas richtig oder falsch ist, sondern nur noch, ob es stimmt, ob es zu mir gehört, ob ich es jetzt so bin.

Materielle Gegebenheiten werden dann als gleich-gültig angesehen und Belastungen als Aufgaben des Lebens freudig gelöst. Dieses Gelöstsein zeigt sich auch im Freisein von Muskelverspannungen und der auffallenden Grazie der Bewegungen. Man ist nicht mehr bereit, sich an Normen anzupassen oder an die Erwartungen der Gesellschaft, wenn sie nicht dem eigenen inneren Maßstab entsprechen. Aus diesem inneren Selbst-Bewusstsein tritt man der Umwelt aufgeschlossen und aktiv entgegen, aber immer freundlich und zuversichtlich. Wie eine Rose, die sich keine Gedanken über ihre Existenz macht; sie ist einfach sie selbst. Ihr ist es gleich, ob die anderen sie begeistert bewundern oder achtlos an ihr vorübergehen, sie ist sich selbst genug.

Aus diesem Selbst-Bewusstsein entsteht Selbstsicherheit, die Freiheit von der Angst, dass andere etwas verurteilen könnten, was man gerade tut oder für richtig hält.

Der Schwache will immer allen beweisen, wie stark er ist, um sich ruhig und sicher zu fühlen, und braucht hierzu die Bestätigung durch die anderen. Der Starke fühlt dagegen seine innere Stärke. Er lebt sie und braucht hierzu keine äußeren Beweise. Der Selbstbewusste geht gelöst und leicht durch die Welt, angstfrei, aggressionsfrei, unbeschwert von der Vergangenheit und unbelastet von Zukunftssorgen, in einem Zustand seelischer Leichtigkeit und Frische. Er lebt bewusst im Jetzt und Hier, erfüllt bewusst diesen Augenblick.

Der Sinn unseres Lebens und unser Seinsauftrag ist es, Vollkommenheit zu erreichen. Da unser wahres Selbst bereits vollkommen ist und immer war, brauchen wir also Vollkommenheit weder zu erbitten noch zu erarbeiten. Man braucht sie nur zu erstreben und das loszulassen, was nicht wirklich zu uns gehört. Letztlich gilt es auch, den Eigenwillen loszulassen, denn nur so wird die Seele glücklich und wir leben selbstbewusst in der Glückseligkeit. **Das ist der Weg der Berufung.**

Erfolgsgarant: Selbstverwirklichung

Auf unserem Weg zu unserer wahren Berufung lernen wir nicht nur, unsere Lebensträume zu verwirklichen. Wir lernen auch, endlich **wirklichen, wahren, authentischen, schöpfungsgerechten Erfolg** im Leben zu haben.

Der Erfolg aus unserem falschen Selbst ist meistens sehr brüchig. Da kämpft man lange um eine hohe berufliche Position, hat sie dann endlich auch erreicht, um festzustellen: Ich habe meine Gesundheit ruiniert, meine Ehe ist zerrüttet, meine Kinder haben sich von mir entfremdet, weil ich nie für etwas anderes Zeit als für meine berufliche Karriere hatte. Wenn wir unsere Berufung leben, dann gestaltet sich auch unser ganzes Leben harmonisch. Wir erleben, was wahrer Erfolg ist.

Hier schließt sich auch der Kreis zum ersten Teil, in dem wir das Konzept der Selbstverwirklichung kennen gelernt haben.

Gestalten Sie Ihr Leben wie ein Kunstwerk

Ein weiterer wichtiger Schritt zum Erfolg heißt, die inneren Voraussetzungen für den Erfolg zu schaffen und diesen dadurch geradezu magnetisch anzuziehen. Zu diesen inneren Voraussetzungen gehört es, **innerlich bereits am Ziel zu sein.** Ich suche mein Lebensziel nicht mehr, sondern habe es **in mir.** Es ist wirklich in mir. **Meine Berufung finde ich in keinen schönen Prospekten, sondern in meinem Herzen.** Die wichtigste Frage lautet: Was ist mein größter Herzens-Wunsch? Denn diese Frage führt uns in unser SEIN. Hier antwortet das LEBEN selbst. Wenn dieser Herzens-Wunsch in Ihnen aufgeblüht ist, dann sind Sie schon am Ziel. Dann findet **das Leben** die Mittel und Wege, Ihr inneres Ziel auch Wirklichkeit werden zu lassen. **Denn es ist ja sein eigenes Ziel.** LEBEN hat Sie so zum Kanal (Werkzeug) für seine eigene, schöpferische Entfaltung gemacht. Das macht lebendig und verjüngt, das lässt Heilung ständig geschehen.

Finden Sie zehn Gründe dafür, warum Sie Ihre Berufung sicher erreichen werden. Zu diesen Gründen gehört auch: Die Schöpfung, die Evolution, das Leben sind auf meiner Seite und unterstützen mich. Ich lebe mit Rückenwind usw. Diese Liste wird Ihnen Kraft geben, wenn Sie einmal scheinbar einen Rückschlag erleben. In Wirklichkeit ist jeder Rückschlag eine Botschaft des Lebens, dass Sie noch nicht den optimalen, den stimmigen Weg gefunden haben, und eine Aufforderung, noch einmal genauer hinzusehen.

Erfolg imaginativ voraus-erleben: Das Leben, das Herz spricht in BILDERN. Dieses innere BILD, das neu kreierte SELBST-Bild, sorgt dafür, dass sich für Sie ein neues Leben heraus-BILDET.

Dieses mentale Training kann der Schlüssel werden zu Ihrem zukünftigen Erfolg. Gewinnen Sie zunächst in Ihrer Fantasie und gewöhnen Sie sich so daran, dass es ganz automatisch auch im Außen geschieht. Je gründlicher Sie vorbereitet sind, desto sicherer werden Sie das Ziel erreichen. Prüfen Sie auch immer wieder, zumindest einmal täglich, ob etwas getan werden könnte, das Sie weiterbringt und das Sie bisher übersehen oder versäumt haben. Wir nannten es „Psychohygiene“.

Aus dieser inneren Gelassenheit heraus können wir nicht nur **bewusst tun, was zu tun ist,** wir können so auch stets vorausdenken und die Umstände klären, bevor sie eingetreten sind. Bevor ein Gewitter kommt, donnert es, und Sie können sich gut darauf einrichten, aus welcher Richtung das Gewitter kommt.

Die Freude am eigenen Tun führt dazu, dass man alles gut tut, und wenn man etwas wirklich gut macht, ist man damit meist auch erfolgreich. So wird Freude zu einem direkten Weg zum Erfolg. Und noch zwei coole Sprüche, die Ihnen in der einen und anderen Situation weiterhelfen können: „Wer ein Omelett machen will, muss auch den Mut haben, Eier zu zerschlagen.“ Und der andere: „Über einen Abgrund kommt man nicht mit kleinen Schritten.“

2. Charisma ist Erfolgs-Resonanz

Sobald Ihr authentisches SELBST die Quelle für Ihren Erfolg ist, Sie Ihren Erfolg nicht **machen** müssen, sondern **geschehen lassen** können, dann strahlen Sie dieses ERFOLGREICH-SEIN auch aus.

Charisma ist die Ausstrahlung eines Menschen und ausstrahlen kann man nur etwas, das da ist und das da sein könnte. Das ist das Wesen des Menschen, sein wahres Selbst. Die Ausstrahlung wird konzentriert, wenn sie sich in einer bestimmten Aufgabe, einer Mission ausdrückt. **Wer seiner Berufung folgt, der besitzt Charisma.** Mit anderen Worten: **Wie nahe wir unserer Berufung schon gekommen sind, das zeigt auch unsere Ausstrahlung, die Stärke unseres Charismas.**

Das Wort Charisma kommt aus dem Griechischen und bezeichnet die Fähigkeit, die Aufmerksamkeit auf sich zu lenken, dort festzuhalten und Erfolg zu haben. Das Wort ist verwandt mit dem Wort **„Charis", der Göttin des Geheimnisvollen und der Nächstenliebe.** Wir sprechen von Charisma, wenn ein Mensch eine starke Ausstrahlung hat und damit auf die anderen anziehend wirkt. Charisma ist nicht an Alter, Geschlecht, Position oder Leistung gebunden. Es ist auch keine besondere Gabe, die ein freundliches Schicksal an wenige Auserwählte verschenkt, sondern kann von jedermann entwickelt werden und **tritt ganz natürlich in Erscheinung, je mehr ich echt, ehrlich und au-**

thentisch bin, mit einem Wort, je mehr ich der bin, der ich in Wirklichkeit bin – ICH-SELBST!

Ich habe viel Charisma, wenn ich ganz im Einklang mit mir selbst und dem Leben, das heißt auch dem Augenblick bin, wenn ich „synchron“ mit dem Zeitstrom lebe.

Auf „Zufälle“ achten

Eines der deutlichsten Zeichen, „auf dem richtigen Weg zu sein“, sind Zufälle. C. G. JUNG nannte dieses Phänomen „Synchronizität“. Da treffen plötzlich Dinge zeitlich zusammen, obwohl es keinen kausalen Zusammenhang gibt, sondern nur einen Sinn-Zusammenhang.

Ein Beispiel: Sie haben ein dringendes Problem, das Sie einfach nicht lösen können. Und plötzlich fällt Ihnen ein Artikel aus einer Zeitung in die Hände, die Sie „zufällig“ irgendwo gefunden haben und eigentlich nie lesen. UND DA STEHT ES: der entscheidende Impuls zur Lösung Ihres Problems.

Sie kennen bestimmt Hunderte solcher Erlebnisse, bei denen Sie gesagt haben: „Das kann doch kein Zufall sein!“ Oft treffen solche Ereignisse auch dann ein, wenn etwas nicht zu klappen scheint. Das Auto springt nicht an, Sie müssen mit dem Bus fahren und dabei läuft Ihnen jemand über den Weg … Sie stehen im Stau, hören normalerweise Musik aus dem CD-Player, jetzt schalten Sie aber das Radio ein, um den Verkehrsfunk zu hören, und plötzlich sind Sie mitten in einer Sendung, die Ihren Horizont erweitert, neue Kontaktmöglichkeiten bietet, Ihr Leben verändert.

Vielleicht haben Sie sich öfter auch schon gedacht: „Mein Gott, wenn ich damals nicht ZUFÄLLIG ..., wie hätte ich denn dann meinen neuen Lebensweg finden können?“

Zufälle können wir als FÜGUNG verstehen. Da gibt es eine Wirklichkeit (die wir natürlich inzwischen längst kennen, diese „Transzendenz“ jenseits der Welt des bloßen Scheins), die Jenseits von Raum und Zeit, jenseits auch des Kausalitäts-Prinzips (Ursache-Wirkung) liegt. Das ist die Welt der WUNDER, da wirken Ordnungsprinzipien, die wir mit unserem Verstand nicht nachvollziehen können. Da spüren wir den Hauch der Schöpfung, das Geheimnisvolle hinter den Fassaden.

Je mehr Sie in dieser Resonanz, in dieser Einheit mit sich selbst, in diesem Charisma sind, desto mehr ereignen sich solche Zufälle, solche Wunder. Sie können regelrecht darauf warten! Und wenn es einmal dünn mit solchen überraschenden Zufällen wird, die Wunder sich in Ihrem Leben nicht zeigen wollen, dann ist immer die Frage angebracht: Bin ich noch auf meinem WEG? Ist mein Leben noch so WUNDER-VOLL, wie es gemeint ist? Bin ich auf Abwegen? Habe ich mich verirrt? Bin ich noch auf dem Weg der Freude und des Glücks?

Und dann bitten Sie das Leben ruhig um ein Zeichen! Seien Sie dann offen für den „Zufall“, der Ihnen jetzt zu-fällt.

Das Charisma einer faszinierenden, einzigartigen Persönlichkeit

Ich habe Charisma, wenn ich voll im Lebensfluss stehe, ganz in meiner Mitte bin. Wenn mein Bewusstsein ganz weit ist und dadurch viele erreicht.

Ich habe kein Charisma, wenn ich ganz eng bin, wenn ich **Angst** habe, wenn ich mich nicht traue, ICH-SELBST zu sein. Wenn ich voll bin mit Bildern, Programmen, Vorstellungen und mich dadurch vom Leben entferne, von dem, was jetzt ist. **In dieser Enge hat mein Wesen und damit das Leben keinen Platz, sich zum Ausdruck zu bringen.**

Sobald ich mich wieder mit mir selbst identifiziere, wirkt mein ganzes Tun charismatisch. Ich sollte ganz im Hier und Jetzt leben und offen sein für die Qualität des Augenblicks und das, was jetzt zu tun ist. Dann fallen mir auch die günstigen Zufälle zu, Türen öffnen sich für mich, die anderen verschlossen bleiben, weil das Leben sich selbst hilft, sich voll zum Ausdruck zu bringen. So habe ich auch in jedem Augenblick die Kraft, die erforderlich ist, das Notwendige zu tun. Das Leben kann mir aber diese Dinge nicht zufallen lassen, wenn ich gar nicht bin. Was nützt mir die ganze Fülle der Schöpfung, wenn ich nur ein Bewusstsein wie ein Fingerhut habe, um einzutauchen in einen Ozean an Erfüllung.

Zuerst muss ich also lernen, mich selbst als faszinierende Persönlichkeit zu betrachten, mich selbst wirklich zu erkennen, mich so anzunehmen, ja zu lieben, wie ich bin – aus der Erkenntnis heraus, **dass ich von der Schöpfung genau so gebraucht werde,** dass das höchste Bewusstsein sich durch mich so zum Ausdruck bringen möchte, wie ich bin. Und nicht so, wie ich gern sein möchte. Nur so, wie ich bin, kann ich von meinem Platz aus den nächsten Schritt tun.

Mensch, erkenne dich also als die einzigartige Persönlichkeit, die du bist, voll von Tatkraft, Möglichkeiten und voller Liebe. Ja, Liebe ist dein wahres Wesen. Die natürliche Wirkung dieser einzigartigen Persönlichkeit, die du bist, ist die Ausstrahlung und Überzeugungskraft, die wir Charisma nennen.

Charisma ist nichts anderes als die wahre Verwirklichung der wahren Persönlichkeit, des ICH BIN! Kein anderer hat deine Anlagen, Talente und Fähigkeiten – du bist wirklich einzigartig. Noch nie hat es einen Menschen gegeben wie dich, und in alle Ewigkeit wird es nie mehr einen solchen Menschen geben. Du bist einzigartig, einmalig, faszinierend und du bist eins mit dem Einen. Aus dieser Einmaligkeit strahlst du Liebe, Selbstbewusstsein, Tatkraft und Hoffnung aus, bist den anderen Chance, ebenfalls zu sich selbst zu finden. Du bist ein lebender Beweis dafür, dass das möglich ist, jetzt und hier. Der Kontakt zu dir ist für jeden eine Freude und ein Gewinn.

Und du weißt, dass du noch nie etwas falsch gemacht hast, auch wenn du es heute anders machen würdest, war es doch irgendwo wichtig und richtig. Du gibst einfach in jedem Augenblick dein Bestes und weißt daher, dass auch jetzt alles, was du tust, richtig und wichtig sein wird.

Aus diesem Selbstbewusstsein heraus gibst du auch niemandem mehr die Schuld für etwas, das dir widerfährt. Solange du noch den Dingen und Ereignissen die Schuld gibst, gibst du den Dingen und Ereignissen die Macht, über dich zu bestimmen. Das Zentrum der Macht aber liegt in dir, du bist der Herr der Dinge und Ereignisse, der Herr deines Schicksals und bestimmst alle Lebensumstände selbst – und natürlich trägst du allein die Verantwortung für alles, was dir widerfährt.

Aus diesem Selbstbewusstsein heraus weißt du in jedem Augenblick, was du willst, und kannst die richtigen Entscheidungen treffen. Du bist dir in jedem Augenblick deines wahren Selbst bewusst und strahlst Ruhe und Überlegenheit aus, denn du weißt, dass alles dir nur dienen und helfen will. Du bist ein Gewinner, du kannst gar nicht verlieren. Und so findest du in jedem Augenblick die richtigen Freunde und Mitarbeiter. Nach dem Gesetz der Resonanz ziehst du alles und jeden an, der zu dir gehört, und lässt los, was nicht mehr wirklich zu dir gehört. Du gehst ohne Ballast frei durch dein Leben.

Durch dein Charisma werden die Menschen in deiner Umgebung von sich aus die Entscheidungen treffen, die dir helfen, deine Aufgabe zu erfüllen und dem Ganzen zu dienen. Der Mensch der Zukunft wird jetzt gebraucht.

Sich für den Erfolg resonanzfähig machen

Wirklich erfolgreich sein heißt auch, Selbst-bewusstsein und in der Selbst-Identifikation zu leben. Dazu müssen wir die konzentrative Entspannung lernen und halten, das Geheimnis der Hunza – Ruhen im Tun.

Ich möchte Ihnen ein paar Hinweise geben, die Ihnen helfen können, Ihr Charisma zu entfalten, sich resonanzfähig für das SEIN zu machen, um Erfolg zu SEIN. Viele dieser Punkte haben wir hier kennen gelernt, andere gehen über dieses Buch hinaus, finden

Sie in anderen meiner Bücher oder sind Inhalte meiner Seminare. Es gibt vieles, das sich über ein Buch nicht transportieren lässt, da ist persönliche Präsenz nötig – von Ihnen wie von mir.

Sie sollten lernen, ...

- Ihren Atem zu beobachten;
- in die Gedankenstille zu gehen, zu meditieren;
- intuitive Sensitivität zu entwickeln;
- umzuschalten vom Sehen zur Wahrnehmung;
- über sich hinauszuwachsen;
- in die Vollmacht zu gehen und zu bleiben;
- vom Opfer zum Schöpfer zu werden;
- zu Bewusstsein zu kommen und bei Bewusstsein zu bleiben;
- bei sich selbst anzukommen und angekommen zu leben;
- sich auf sich selbst einzustimmen;
- im Einklang mit sich selbst zu leben;
- kontemplativ mit sich selbst zu verschmelzen;
- das Tor des Himmels zu öffnen und offen zu halten;
- in das Informationsfeld des Allbewusstseins einzutauchen;
- sich von Ihrer Intuition führen zu lassen;
- zuerst innerlich reich zu werden;
- Mangelbewusstsein aufzulösen;
- Wohlstandsbewusstsein zu schaffen;
- Erfolgshindernisse aufzulösen;
- das Ärgern zu verlernen.

Diese Aufstellung ist gleichsam eine „Checkliste" für Charisma-Entwicklung.

3. Liebe das Leben – das Leben liebt dich!

In unserer letzten Spielrunde wollen wir unser Lebensspiel langsam ausklingen lassen. SPIEL – das ist Genuss, Freude, Humor, Glück. Die **eigentliche Qualität des Lebens,** sein tiefer Sinn ist eher das Spielerische und Leichte als das Ernste und Mühsame. Mag BERUF immer noch mit ARBEIT verbunden sein, so werden Sie BERUFUNG viel mehr als SPIEL und dessen Qualitäten erleben.

Die Kunst des Genießens

Die Kunst des Genießens heißt, in das Geheimnis des Lebens einzutreten. „Wer nicht genießt, ist ungenießbar." Können Sie Ihr Leben wirklich genießen? Erleben Sie bewusst die vielen angenehmen Kleinigkeiten, die jeder Tag bietet? Erkennen Sie jeden Tag als ein neues Abenteuer, das noch nie da war und auch nie wiederkommen wird? Dieses überschäumende Lebensgefühl werden Sie in den folgenden Sätzen wiedererkennen:

- Lebensfreude, Leichtigkeit und Glück sind nicht abhängig von irgendwelchen Umständen.
- Alles ist immer so leicht oder so schwer, wie ich es nehme.
- Mein Leben ist so schön, wie ich es mir mache.
- Die Leichtigkeit des Seins beginnt jetzt!
- Sie können jetzt anfangen, jeden Augenblick zu genießen.

- Auch die schwierigen Szenen im Film des Lebens muss man genießen.
- Sich für Genuss resonanzfähig machen.
- In der Zeitlosigkeit und alterslos leben.
- Sich selbst treu sein und bleiben.
- Die Frage ist nicht, wie alt man wird, sondern wie man alt wird.
- Die Schönheit des Handelns entdecken.
- Der Mensch wurde geboren, um in der Fülle zu leben, und das geschieht, sobald er von seiner Vollmacht Gebrauch macht.

Jemand hat einmal gesagt: Es gibt drei Regeln, wie man ein glückliches, sorgenfreies Leben führt. Unglücklicherweise weiß aber niemand, wie sie lauten. Eine lautet sicher: **Liebe dein Leben!**

Wenn Sie mich bitten würden, das ganze Buch in einem einzigen Satz zusammenzufassen, dann würde ich sagen: **Das Leben liebt Sie.**
Es will nur Ihr Bestes, und Ihr Bestes ist Ihre Berufung. Es versucht Sie mit allen Mitteln auf den Weg zu bringen, auch wenn es oft ein Tritt in den Hintern sein muss. Das Leben ist mit Ihnen erst zufrieden, wenn Sie selbst mit Ihrem Leben rundherum zufrieden und glücklich sind.

Was müsste für Sie denn noch geschehen, um sagen zu können: Das Schönste im Leben ist zu leben? Was ist der Inhalt, das Thema, der Sinn meines Lebens?

Für manche Menschen ist das Wort „Genuss“ oder „Lust“ negativ besetzt, das sollte nicht so sein. Dabei ist das Leben als Genuss gedacht, also fangen Sie an, jeden Augenblick zu genießen. Und fangen Sie gleich jetzt an. Genuss ist nicht abhängig von den Umständen, sondern von unserem Umgang damit. Hören Sie so oft wie möglich gute Musik und üben Sie, Muße zu haben, Zeit, in der Sie nichts anderes tun als zu sein – **Lebenskünstler zu sein.** Stellen Sie sich einmal den Tagesablauf eines Lebenskünstlers vor. Wie sieht der aus? Und wie wäre es, wenn SIE zu einem Lebenskünstler würden?

Lernen Sie auch die Kunst des Zelebrierens. Das bedeutet, allem Tun durch die eigene **Aufmerksamkeit** einen ganz besonderen Wert zu geben. Zelebrieren heißt zu leben wie in einer ständigen Tee-Zeremonie. Zelebrieren Sie einfach nur den Augenblick und fühlen Sie, dass Sie wirklich leben. Zwingen Sie sich zu nichts mehr, außer dazu, sich zu nichts zu zwingen. Schenken Sie sich regelmäßig Zeiten, in denen Sie nichts planen. Seien Sie absichtslos und finden Sie heraus, womit diese Zeit erfüllt sein möchte, welche innere Qualität sie hat und wie Sie diese am besten zum Ausdruck bringen können. Nehmen Sie sich Zeit für das Ungewohnte, Überraschende und **machen Sie aus allem etwas ganz Besonderes.** Seien Sie offen für die besondere Begegnung und es wird geschehen.

Gestalten Sie auch den Platz, an dem Sie täglich viele Stunden arbeiten, persönlich. **Verwischen Sie die Grenze zwischen Arbeit und Privatem.** Schaffen Sie um sich eine lebensfrohe Atmosphäre und bringen Sie auch in Ihren Berufsalltag **Originalität und Stil.** Machen Sie **Freundlichkeit und Aufgeschlossenheit** zu Ihrer inneren Haltung. Erwarten Sie nicht, dass die anderen das auch tun, sondern seien Sie freundlich, weil Sie sich dann in sich wohler fühlen. **Zelebrieren Sie Ihren kultivierten Lebensstil.** Sie haben gerade herausgefunden, was es heißt, ein Lebenskünstler zu sein – nämlich jemand, der fortgeschritten ist in der

Kunst zu leben, denn Leben ist wirklich eine Kunst! KUNST ist Ausdruck der Einzigartigkeit und Originalität. Jeden Künstler können Sie an seinem Werk sofort wieder erkennen. Ist Ihr Leben schon ein Kunstwerk?

Es gibt Zeiten des Lebens und des Überlebens, der Behaglichkeit und der Belastung. Was lösen bei Ihnen Zeiten der **Behaglichkeit** aus? Natur, Wandern, Sonnenuntergang, Musik hören oder machen, im Bett liegen, Sexualität, Fliegen, Fußball, Auto fahren, Reiten, Golf, Angeln, Tennis, Segeln, Tanzen, Ski laufen, Joggen, Meditieren, mit Tieren oder Kindern spielen, Fernsehen, Computer, mit Freunden zusammen sein, Spielen, Lachen, Frühstück im Bett, Weihnachten feiern, Malen, Träumen, Reisen, Stille, Singen.

Was löst die Freude und die **Leichtigkeit des Seins** bei Ihnen aus? In diesen Augenblicken sind Sie ganz Sie selbst und das ist die Grundlage für seelische und körperliche Gesundheit. Sie sind Ihr eigener Richter, Wärter und Gefangener, nur Sie können sich jederzeit begnadigen. Sie sind sich selbst anvertraut! Sorgen Sie dafür, dass Sie Ihre Wahl nicht bereuen!

Mit Humor geht alles besser

Witz, Komik, Ironie und Satire sind die Geschwister des Humors. Humor ist der Freundlichste, Bescheidenste und wohl auch Leiseste von allen. Und er ist immer gutartig, sodass er mehr Freunde schafft als ein scharfer Witz. Humor ist niemals Spaß auf Kosten anderer, eher ein „Sich-selbst-auf-die-Schippe-Nehmen".

Humor ist eine menschliche Grundhaltung, die auch das Schwierige mit heiterer Gelassenheit und souveränem Darüberstehen betrachtet. Wenn man Glück hat, ist er im Rucksack des eigenen genetischen Erbes enthalten. Wenn nicht, kann man ihn jederzeit erwerben. Die Voraussetzung ist Liebe – auch zu sich selbst. **Humor ist eine besondere Art, die Wahrheit zu sehen, und eine spielerische Art, mit den Dingen umzugehen, ganz gleich, wie ernst und bedeutend Sie sich geben.**

Humor ist ein Schritt auf dem Weg zu sich selbst. Es ist die Erkenntnis, dass das Leben in Wirklichkeit ein Spiel ist, das mir zur Freude gespielt wird, und wenn ich mich nicht freue, dann mache ich gerade etwas falsch. Vielleicht habe ich nur meinen Humor verloren.

Wissen Sie, bei welchen Losen es die meisten Nieten gibt?

Bei den Humor-Losen!

Humor ist eine köstliche, meist unerwartete Art, dem anderen die Wahrheit zu sagen. Humor ist wie ein Spiegel, der zeigt, was wesentlich und was unwesentlich ist. Eine Folge des Humors ist das Lachen. **Lachen ist Loslassen von Unwesentlichem, vom Ego, der Schwierigkeit, dem Ballast und Hinwendung zum Wesentlichen: der Leichtigkeit des Seins.** Humor ist sanft und aufbauend, aber ein kraftvoller Weg zu innerer Freiheit und zum Heilsein, weil er uns wieder in die Unmittelbarkeit und Ganzheit des Lebens führt. Er macht unsere Illusionen sichtbar und führt uns hindurch in die Wirklichkeit. Er ist eigentlich unverzichtbar und kann gar nicht überdosiert werden.

Das Glück ist in uns selbst: Mit sich SELBST im Einklang sein

Unsere Zeit ist geprägt von einer rastlosen Jagd nach dem Glück. Wohin Sie blicken, wird Ihnen Glück in den verschiedensten Formen versprochen. Auf jedem Plakat wird Ihnen das Glück angepriesen, wenn Sie eine bestimmte Zigarettenmarke rauchen; die Bank bietet Ihnen das finanzielle Glück durch besondere Kreditbedingungen; die Reisebüros wiederum versprechen Ihnen Glück am sonnigen Strand. Wenn das so einfach ist, **warum gibt es dann so viele unglückliche Menschen?**

Glück ist ein individuelles Gefühl – für jeden bedeutet Glück etwas anderes. Der eine ist glücklich, wenn er im Lotto gewinnt, der andere empfindet Glück in den Armen des geliebten Menschen und der Dritte wiederum fühlt sich glücklich, wenn er allein einen schönen Sonnenuntergang am Meer genießen kann.

Glück ist kein Dauerzustand, sondern besteht aus Augenblicken, aus Momenten, die uns unvergesslich bleiben und die uns alles andere vergessen lassen. Wenn wir diese seltenen Momente als das „große Glück" bezeichnen, so wollen wir uns mehr mit dem so genannten „kleinen Glück" auseinander setzen. Das kleine Glück ist die innere Zufriedenheit, die Harmonie in uns und die daraus resultierenden angenehmen Lebensumstände in jeder Beziehung.

Dieses „Mit-sich-selbst-im-Einklang-Stehen" wird uns durch die Reizüberflutung des heutigen Lebens gar nicht so einfach gemacht. Niemand hat mehr Zeit – nicht für andere, ja noch nicht einmal für sich selbst! Das Ergebnis ist deutlich sichtbar. Gehen Sie einmal durch die Stadt und betrachten Sie Ihre Mitmenschen. Gehetzt und aggressiv eilen sie durch die Straßen; starre Blicke, unfreundliche Worte und nervöses Drängeln, wohin man auch schaut. Wer so durch sein Leben hastet, der hat das Glück nicht gefunden, weder in sich selbst noch durch irgendeinen käuflichen Artikel.

Das Glück und die Zufriedenheit liegen in jedem selbst – in seinem tiefen Inneren. Wer diesen Bereich in sich nicht entdeckt, dem geht ein wesentlicher Teil seines Lebensglücks verloren. Beginnen Sie jetzt, das Glück in sich zu entdecken. Werden Sie sich Ihrer positiven Anlagen bewusst, dann können Sie sich am besten Ihre persönlichen Glücksziele setzen.

So wenig Erfolg machbar oder käuflich ist, so wenig ist es Glück. Glücklich kann man nur SEIN. Je mehr wir im ständigen Kontakt zu unserem SEIN sind (sodass das ganze Leben selbst zur MEDITATION wird), desto präsenter ist das Glück in jedem Augenblick. Dann geschieht Erfolg von selbst (Sie erinnern sich: VOM SELBST), dann ist mein ganzes DA-SEIN ein Erfolg.

Zum Ausklang eine kleine Geschichte, die alles auf den Punkt bringt:

Es war einmal ein mächtiger König, der beherrschte die ganze Welt. Eines Tages ließ er alle Weisen der Welt zusammenkommen und gab ihnen den Auftrag, das gesamte Wissen des Universums niederzuschreiben, und zwar so kurz wie möglich. Die Weisen machten sich an die Arbeit und nach vielen Jahren hatten sie es ge-

schafft. Alles Wissen des gesamten Universums hatten sie in 100 Büchern niedergeschrieben. Doch der König war noch nicht zufrieden und beauftragte sie, alles Unwesentliche wegzulassen und das gesamte Wissen in einem einzigen Buch aufzuschreiben. Die Weisen hielten dies zwar für unmöglich, da sie aber wussten, dass der König sie nicht vorher in ihre Heimat zurücklassen würde, machten sie sich an die Arbeit.

Nach vielen, vielen Jahren mühevoller Arbeit hatten sie es doch geschafft und stolz gaben sie dem König das Buch, in dem nun das gesamte Wissen des Universums niedergeschrieben war. Der König dankte ihnen und sagte, dass er nun noch eine letzte Aufgabe für sie habe. Sie sollten alles Wissen in einem einzigen Satz formulieren. Sie berieten viele Jahre und dann hatten sie es geschafft:

Auch du bist ein Schöpfer und
alles will Wirklichkeit werden, was in dir steckt!

Ausblick: Es geht um das Projekt MENSCHHEIT

„Wenn wir unsere Richtung nicht verändern,
werden wir voraussichtlich dort enden,
wohin wir uns bewegen.“
(Chinesisches Sprichwort)

Danke, dass Sie mir in diesem Spiel so weit gefolgt sind. Sie werden längst festgestellt haben, dass wir **mitten im Spiel des Lebens** sind. Und ich bin überzeugt davon, dass das Buch schon das eine oder andere in Ihrem Leben verändert hat. Zumindest haben wir etwas gesät und es ist nur eine Frage der Zeit, wann Sie eine reichhaltige und beglückende Ernte einfahren können.

Menschen, die in sich einen Drang zu ihrer Berufung spüren, gehören zu den Pionieren eines neuen Zeitalters (und können Pioniergewinne machen, wenn sie wollen). Duane Elgin hat in seinem Buch „Ein Versprechen für die Zukunft – eine hoffnungsvolle Vision für das Fortbestehen unseres Planeten“ dieses Pionierbewusstsein sehr schön in Worte gefasst:

> *WIR sind die Anführer, auf die wir gewartet haben. WIR sind die sozialen Erneuerer und Unternehmer, die wir gesucht haben. WIR sind diejenigen, die zur Selbstorganisation herausgefordert sind und uns aus eigenem Antrieb aufrichten müssen.* (S. 211)

WIR werden eine hoffnungsvolle, echt menschliche Zukunft weit mehr gestalten als die, die zurzeit die

Macht haben. Diese Zukunft wird nicht mehr ein Zeitalter der männlich orientierten KOPF-Kultur sein, sondern der HERZ-Kultur. Für die kommende Zeit gilt: HERZ ist Trumpf!

Lassen Sie mich Ihnen noch ein paar Hinweise auf IHREN Lebensweg mitgeben, wie Sie die in diesem Buch „erspielten Gewinne“ als Saat-Investition für die nächste Runde weiter verwenden können:

Als Zukunfts-Pionier/in sind Sie ein Teil der Lösung auf dem Planeten

Seinen Sie sich immer bewusst: Entweder sind Sie ein Teil des Problems oder ein Teil der Lösung. Sicher haben Sie sich längst entschieden, Problemlöser zu sein. Denn das ist ein Bestandteil der BERUFUNG. **Berufene Menschen sind vom Himmel geschickte Problemlöser.**

Entscheiden Sie sich bewusst dafür, dass Ihr Spielfeld (das Feld, auf dem Sie Ihr Saatgut aussäen) der ganze Planet ist. So findet Ihr inneres Potenzial keine äußere Begrenzung. **Entscheiden Sie sich bewusst, sich an der Heilung des Planeten Erde zu beteiligen.** Das ist heutzutage der Job aller berufenen Menschen.

Alles, was Sie jetzt tun, wird Energie-Wellen verursachen, für die es keine Grenze in diesem globalen Energiefeld gibt. SIE beeinflussen ALLES. Und wenn Ihre Berufung darin besteht, die Mutter oder der Vater eines für die nächste Generation maßgebenden Menschen zu sein. Behandeln Sie also Ihr Kind, als ob es der neue SOKRATES sei, die neue MARIA. Sehen Sie in allem, was Sie tun, etwas Heilendes – oder sollte ich sagen: Heiliges?

Entscheiden Sie sich, sich an den großen **Krankheitstrends** auf diesem Planeten nicht mehr zu beteiligen, kein Teil des Problems, sondern ein Teil der Lösung zu sein:

- die globale Klimaveränderung,
- das Wachstum der Weltbevölkerung,
- das massenhafte Aussterben von Pflanzen- und Tierarten,
- die Erschöpfung der natürlichen Ressourcen,
- die weltweite Armut und Ungerechtigkeit.

Denn wenn wir dagegen nichts tun, rast die Menschheit an die Wand.

Duane Elgin sieht in seinem hoffnungsvollen Buch „Ein Versprechen für die Zukunft" dagegen **vier Mega-Trends, die das Ruder herumreißen können.** Prüfen Sie bitte, wie Ihre Berufung diese vier Dimensionen realisiert. Denn in diesen vier Trends wird der Kern Ihrer Mission liegen. **Es gilt dann, diese Basisdimensionen Ihrer Mission für Ihr einzigartiges und originelles Leben zu konkretisieren.**

❖ Leben in einem lebenden Universum

Stellen Sie sich diesen Planeten Erde einmal als einen lebenden Organismus vor! Schauen Sie ihn sich vom Mond aus an: Schnell werden Sie auf diesem Körper „Entzündungsherde" erkennen können, wie das dramatische Schrumpfen der Lunge dieses Organismus (das Abholzen der Wälder). Sie werden krankes Gewebe feststellen (wuchernde Wüstenregionen). Sie erkennen, wie das Lymphsystem (die Flüsse, Bäche und Seen) verschmutzt, erkennen Schlacken, Mülldeponien auf diesem Organismus. Alles, was Sie da von dem blauen Planeten wahrnehmen, lebt! Der Planet ist im Fieber, die Temperatur steigt ständig an. Alles wird panischer, nervöser. Es bedarf keiner großen Anstrengung, aus der Distanz den Kollaps dieses Systems vorauszusehen.

Wenn Sie all das als lebende Systeme wahrnehmen können, dann erkennen Sie auch besser Ihre eigene Aufgabe in diesem System. Gehören Sie zu den wachsenden Abwehrkräften gegen diese globale Krankheit? Wie dem auch sei, Sie sehen sich als einen Teil der Menschheitsfamilie und tun Ihren Job, damit die Menschheit sich ihrer Einheit bewusst wird. BERUFUNG ist die Lebenskraft im kosmischen Leben. Das Lebendigsein des ganzen Systems kommt in Ihrer Berufung zum Ausdruck, zur Entfaltung. SIE sind die Evolution, SIE sind die Schöpfung. Da gibt es nichts an Zeitgeschehen, was wir von außen nur beobachten könnten. Wir sind der lebende Atem dieses gigantischen Organismus.

❖ Leben in freiwilliger Einfachheit

Alles, was genial ist, ist auch einfach. Indem Sie aus dem Konsumzwang ausscheren, werden Ihre finanziellen Verhältnisse gesunden und Ihre Berufung erwirbt sich so auch eine solide, materielle Basis. Sie haben ALLES, was Sie brauchen. Und wenn Sie denken, dass Ihnen noch etwas fehlt, dann sind Sie noch nicht auf Ihrem Weg, dann sind Sie noch auf der Suche, dann sind wir noch nicht bei „Heiß!, Heiß! Heiß!“. Sie sind an Ihrem Platz angekommen, wenn Sie genau wissen: Ich habe alles, was ich brauche. LOS GEHT'S!

BERUFUNG heißt, alles loslassen, was diese Berufung stört. Einfach leben!

❖ Nutzen der globalen Kommunikationswege

Das globale Gehirn der Menschheit, das alles vernetzende Nervensystem ist zurzeit dabei, sich in der Form des Internets, des Satellitenfernsehens, der globalen Kommunikationswege herauszubilden. Schließen Sie sich an! Die Welt gehört Ihnen! Sie gehören der Welt! Unterschätzen Sie das nicht, was sich da vollzieht. Dagegen waren die „Überlandleitungen“ von Strom- und Telefonkabel reiner Kinderkram. Und bedenken Sie, wie alleine DAS die Welt verändert hat.

Betrachten Sie diese globalen Kommunikationswege nicht nur als technisches Problem (z. B. Zugangsgeschwindigkeit ins Internet), sondern als **Erwachen eines vernetzten Systems.** Klinken Sie sich ein in dieses Netzwerk, in dieses wachsende Nervensystem. **Denken Sie vernetzt.** BERUFUNG ist ein Wahrnehmen dieses umfassenden Lebensnetzes, ein Interagieren in diesem Netz.

❖ Integration und Aussöhnung

Das ist das wesentliche Thema unserer Übergangsepoche: alles, was entzweit, zersplittert ist, wieder miteinander zu integrieren und auszusöhnen. Denn das ist die Qualität des Herzens, die Macht der Liebe. Es wächst wieder zusammen, was zusammengehört. Es ist alles Leben auf diesem Planeten.

Die tiefe Kluft zwischen Natur und Kultur beginnt sich zu reintegrieren. (Wir sind als Menschen ein Teil der Natur und werden immer auch Naturwesen bleiben. Was wir der Natur antun, das tun wir uns selbst an.) Wir beginnen, die Pflanzen- und Tierwelt nicht als Selbstbedienungsladen zu missbrauchen und herzlos auszubeuten, sondern als die Wurzel unserer eigenen Existenz zu achten und zu ehren. Jedes unserer Haustiere kann uns helfen, uns wieder mit der Tier- und Pflanzenwelt zu versöhnen. Die Weltreligionen finden wieder zusammen, Religion und Wissenschaft beginnen sich wieder zu versöhnen, das Männliche und das Weibliche findet wieder zusammen, Geschlechter und Generationen versöhnen sich.

Ja, die wichtigste integrierende und aussöhnende Aufgabe ist der Umgang mit unseren Kindern, der nächsten Generation. Stehen wir ihnen wenigstens nicht mehr im Wege. Schaffen wir ihnen eine optimale Lebensgrundlage, damit die nächsten Generationen Ihr Potenzial noch optimaler entfalten und das Spiel auf dem Planeten gewinnen können. BERUFUNG hat letztlich immer etwas damit zu tun, **die Lebensqualität unserer Kinder zu erhöhen.**

Es gibt unendlich viele Möglichkeiten, HIER und JETZT seine BERUFUNG zu leben. Eine wachsende Berufsgruppe möchte ich Ihnen ganz besonders ans Herz legen: die der Lebensberater oder Life-Coachs. **Berufene Menschen haben heute eine ganz besondere Art von Aufgaben, die sich am ehesten als Berater oder Coach verwirklichen lassen.**

Verstehen Sie sich als Lebensberaterin oder Life-Coach!

Das Leben wird komplexer und schneller. Die meisten Menschen und Firmen sind überfordert, hier mitzuhalten. Man verliert den Blick fürs Ganze. Bevor man ein Problem gelöst hat, haben sich bereits wieder drei neue ergeben.

Nur wenige Menschen sind in der Lage, ihre Probleme selbst zu lösen und zu erkennen, dass Geld oder wirtschaftlicher Erfolg allein keine dauernde Erfüllung bringen. Auch in gesundheitlichen Krisen ist eine medikamentöse Behandlung allein für eine Heilung nicht ausreichend. **Viele Menschen sind inzwischen bereit, Verantwortung für sich und ihr Leben zu übernehmen und suchen eine Lösung in sich selbst. Dazu brauchen sie einen kompetenten Freund und Helfer – den Lebensberater.**

Jeder weiß, dass negative Gedanken negative Folgen haben. Solange wir aber die genauen Zusammenhänge zwischen Ursache und Wirkung nicht kennen, suchen wir das Glück im Außen statt im Innen. Unzufriedenheit, Resignation, bis hin zu Krankheit und Depression, können die unmittelbare Folge sein.

Wirklich zu leben ist eine Kunst. Nur durch eine harmonische Lebensgestaltung können wir unserem Leben wieder mehr Sinn und Tiefe geben. Wenn unser Weltbild nicht stimmt, fehlt das Fundament für eine positive Lebensführung.

Die Aufgabe des Lebensberaters, der Lebensberaterin ist es, eine Lücke in der Betreuung von Hilfe suchenden Menschen zu schließen.

Im Gegensatz zu anderen beratenden und helfenden Berufen nimmt sich der Lebensberater Zeit für seinen Klienten und zeigt ihm die wirkliche Ursache seiner Beschwerden und Probleme. Er zeigt ihm Wege, wie er seine Lebensaufgaben nachhaltig und wirksam lösen kann. So wird der Lebensberater zum Freund und Vertrauten, der hilft, Ängste und Nöte zu überwinden und aus Schwächen Stärken zu machen. Er vermittelt Sicherheit und Selbstvertrauen und zeigt, wie man den Glauben an sich selbst wieder findet. Die Lebensberaterin gibt den Klienten ein ganz neues Selbstbewusstsein.

Eine gute Lebensberaterin versteht es, dem Hilfe Suchenden mit Rat und Tat eine Brücke zu bauen, die sicher über jeden Abgrund führt. Die Lebensberaterin ist eine Wegbegleiterin, die hilft, alle Ziele sicher zu erreichen.

Um anderen wirksam helfen zu können, muss jeder in sich die Voraussetzungen für eine eigene positive Lebensführung schaffen. Dazu gehört Selbstsicherheit und Selbstvertrauen. Unsere Aufgabe ist es, als Lebensberater überzeugend und glaubhaft zu sein. Nichts in unserem Leben wird dem Zufall überlassen. Durch unsere Denkweise prägen wir unser Schicksal und erreichen sicher unsere Ziele. **Der Sinn unserer Arbeit ist es, die geistigen Gesetze des Lebens zu vermitteln und diese in die Praxis umzusetzen.**

Jeder Mensch wünscht sich einen Freund und Berater, der ihm hilft, seine Probleme zu lösen, seine Wünsche zu erfüllen und seine Ziele sicher zu erreichen. Mit Kompetenz, Wissen, Intuition und ständig wachsender

Erfahrung ist die Lebensberaterin für jeden da, der selbst keinen Weg aus der Krise sieht. Ganz gleich, welche Fragen im Leben auch gestellt werden, eine Lebensberatung kann helfen, die Wirklichkeit hinter dem Schein zu erkennen. So ist die Lebensberaterin oft die Einzige, die sich für die jeweilige Problematik ausreichend Zeit nimmt, ihre Klienten anhört und zu wirklichen Lösungen motiviert.

Wir brauchen in der Zukunft möglichst viele Lebensberater, um die anstehenden individuellen und globalen Schwierigkeiten zu meistern. Sie gehören mit zu den Pionieren und Vorreiterinnen für den Aufbau einer wirklich menschlichen Gemeinschaft.

Life-Coachs – wie dieser Trend in Amerika heißt – müssen das Rad nicht neu erfinden. Durch ihr erweitertes Bewusstsein sind sie in der Lage, zehn Mal effektiver und effizienter Probleme zu lösen, als Menschen oder Firmen, die diese Bewusstseinsstufe noch nicht erreicht haben. Sie erkennen den „blinden Fleck", die Betriebsblindheit in der Wahrnehmung ihrer Klienten und können viel schneller zur Problemlösung und Konfliktbeseitigung beitragen. Wir sind keine MACHER, die sich überall gegen Widerstand durchsetzen müssen, sondern Gehilfen der Evolution und Schöpfung und haben mit dieser eine unbesiegbare Kraft im Rücken.

Das, was Sie zu Ihrer BERUFUNG führt, ist das, was Sie an Lebenskompetenz entwickelt haben und an Ihre Klienten weitergeben können. Das, was Sie in Ihrem Leben schon gelöst haben, das haben andere Menschen noch vor sich. Das, was Ihre KRISE war, wird dann plötzlich zu Ihrer KOMPETENZ, Krisen zu meistern und Ihre wertvollen Erfahrungen weiterzugeben. Das große Lebensthema, um das Sie sich scheinbar ständig im Kreis drehen, wird so plötzlich zu Ihrer Botschaft, Ihrem Markenzeichen. Sie haben die LÖSUNG, die andere dringend suchen.

Ich verspreche Ihnen: Sie werden nie vor einem Problem stehen, das Sie nicht lösen können. Sie haben immer nur die Probleme, die Sie brauchen, um zu wachsen. Ihre Problemlösungs-Fähigkeit ist Ihr VERMÖGEN. Was Sie vermögen, wird zu Ihrem Vermögen.

- Dazu setzen Sie Ihre Gaben ein, Ihre Talente, Ihr Potenzial.
- Suchen Sie sich eine Aus- und Weiterbildung, damit Sie auch vom Wissen her auf der Höhe der Zeit sind.
- Erlernen Sie kreative Techniken, denn Ihre Schöpfungskraft äußert sich in Ihrer Kreativität.
- Und dann lassen Sie sich zündende Ideen einfallen – am laufenden Band.

Die Welt braucht SIE. JETZT. Treten Sie aus Ihrem Schatten ans Licht. Und lassen Sie Ihr Licht leuchten, damit wir das dunkle Zeitalter hinter uns lassen können. Das goldene Zeitalter war nicht in der Vergangenheit. Es liegt vor uns.

Dank und Empfehlung

Ich möchte mich an dieser Stelle einmal ausdrücklich bei meinem langjährigen Lektor Hans-Jürgen Schröter bedanken. Er hat in den letzten Jahren einige meiner neuen Bücher (wie „Das Geldgeheimnis", „Der Weg zum Erfolg ist der Weg zu dir selbst" oder „Erfinde dich neu") liebevoll und inspirierend bis zur Fertigstellung für den Verlag begleitet. Die genannten Bücher kann ich dabei besonders zur Vertiefung empfehlen. Auch bei mehreren meiner älteren Werke hat er einen wertvollen Beitrag zur Aktualisierung geleistet – wie auch bei diesem Buch, „Vom Beruf zur Berufung", das gegenüber der ursprünglichen Fassung kaum wieder zu erkennen ist. Meine Zusammenarbeit mit Hans-Jürgen Schröter als Lektor ist sehr fruchtbar, auch für mich bereichernd und für den Leser (die Leserin) ein wirklicher Zugewinn.

Ganz besonders möchte ich seine Fleißarbeit für die Neuherausgabe meiner Ausbildungs-Heimlehrgänge bei der Internationalen Akademie der Wissenschaften (IAW, FL 9490 VADUZ) herausstellen. Hier hat er zu den verschiedenen Ausbildungsthemen viele verstreute Seminarmitschnitte, Seminarunterlagen aus meinen Ordnern, Notizen, Textbausteine zu in sich geschlossenen Ausbildungslehrgängen als Redakteur zusammengetragen. Jeder Lehrgang enthält eine intelligente Einführung von ihm als Handbuch-Redakteur, die sehr bereichernd und empfehlenswert ist. Genaueres dazu entnehmen Sie bitte der Internet-Seite:
www.Tepperwein-Heimstudium.de

Hans-Jürgen Schröter leitet auch Workshops und Seminare, die ganz praktische Schritte für den Weg zur Berufung aufzeigen und im Sinne dieses Buches trainieren. Diese Workshops von ihm möchte ich Ihnen ganz besonders ans Herz legen. Termine finden Sie unter www.spiriting.de

Kurt Tepperwein

Notizen

Notizen

Notizen

Notizen

Notizen